Gabriele Kuntke

Tierische MASCHE

Gestrickte Hand- und Fingerpuppen

frechverlag

D1668862

Im frechverlag sind weitere Bücher zu textilen Arbeiten erschienen. Hier eine Auswahl:

TOPP 2270

TOPP 2269

TOPP 2019

TOPP 2359

TOPP 2199

TOPP 2089

Fotos: frechverlag GmbH + Co. Druck KG, 70499 Stuttgart; Fotostudio Ullrich & Co., Renningen

Auflage:	5.	4.	3.	2.	1.	Letzte Zahlen
Jahr:	2002	2001	2000	1999	98	maßgebend

© 1998

frechverlag GmbH + Co. Druck KG, 70499 Stuttgart

ISBN 3-7724-2355-8 · Best.-Nr. 2355

Druck: frechverlag GmbH + Co. Druck KG, 70499 Stuttgart

Dieses Buch lädt Sie ein, kuschelige Hand- und Finger-puppen nachzustricken. Wenn Sie Übung im Stricken ha-ben, entstehen mit etwas Geduld diese wunderschönen Puppen. Dabei sind sie gar nicht so schwer nachzuarbei-ten, wie es zunächst aussieht. Denn umfassende und ausführliche Strickanleitungen machen das Nacharbeiten einfach.

Die fertigen Spielpuppen regen die Phantasie der Kin-der an und fordern zum Mitspielen auf. Kinder spielen gerne selbst mit den Puppen, ebenso gerne lassen sie sich etwas vorspielen. So können sie auch einiges über die Tiere erfahren. Besonderen Spaß macht das Spielen mit den Puppen, da manche die Zunge herausstrecken, ihr Maul öffnen und schließen oder sich zusammenrollen können. Gerade Kinder empfinden diese Puppen außer-dem als Spielgefährten und projizieren ihre Stimmungen, Ängste, Wünsche, Erwartungen und Enttäuschungen auf ihren tierischen Freund.

Zunächst wird jedoch Ihre Kreativität in Anspruch ge-nommen. Denn schon die Auswahl der Wolle prägt den individuellen Charakter der jeweiligen Hand- und Finger-puppe. Um dies zu zeigen, habe ich einige Tiere mit zwei verschiedenen Wollsorten gestrickt. An ihrem Beispiel können Sie gut sehen, wie unterschiedlich sie je nach ver-wendeter Wolle ausfallen. Sie können jede Wolle, die Sie noch zu Hause haben, verwenden. Mit dickerer oder dünnerer Wolle als angegeben, fallen Ihre Tiere entspre-chend größer bzw. kleiner aus.

Ich wünsche Ihnen viel Spaß beim Stricken der Puppen und natürlich viel Freude beim Spielen.

Ihre Gabriele Kuntke

Hinweise

Anstricken von Beinen, Armen, Schnauzen etc.

Bei diesem Zeichen ● bitte folgendermaßen verfahren:

Es wird über die angegebenen Maschen statt des laufenden Fadens ein Faden in einer beliebigen, anderen Farbe eingestrickt. Er wird später wieder herausgezogen, deshalb die Enden nicht vernähen!

Die mit dem andersfarbigen Faden gestrickten Maschen werden wieder auf die linke Nadel gegeben und nun mit dem laufenden Faden gestrickt. Jetzt wird gemäß der jeweiligen Anleitung weitergearbeitet.

Hinweise

Bei diesem Zeichen ▲ bitte folgendermaßen weiterarbeiten:

Der andersfarbige Faden wird vorsichtig wieder herausgezogen.

Die beiden Maschenreihen werden auf vier Nadeln gleichmäßig verteilt. Fehlende Maschen können Sie bei einer Ab- oder Zunahme leicht ausgleichen.

Jetzt können Arme, Beine, Schnauzen etc. gestrickt werden. Die seitlich entstandenen Löcher werden später mit den vorhandenen Fäden zugenäht.

Hinweise

Einknüpfen der Stacheln, Haare und Mähnen

Zunächst werden Fäden in der angegebenen Länge zugeschnitten. Dazu wird die Wolle um ein Stück Pappe gewickelt, welches halb so breit sein sollte, wie die Stacheln lang werden sollen. An einer Seite der Pappe wird die aufgewickelte Wolle durchgeschnitten, wodurch alle Fäden gleich lang werden. Mit einer Häkelnadel wird nun in eine Masche im Gestrickten eingestochen.

Dann legen Sie einen bzw. mehrere Fäden um die Nadel (Abbildung 1). Dieser wird durch die gestrickte Masche gezogen, und die Fadenenden werden mit der Häkelnadel durch die entstandene Schlaufe gezogen (Abbildungen 2 und 3). An beiden Enden des eingeknüpften Fadens wird so lange gezogen, bis der Knoten fest ist (Abbildung 4).

Tips und Tricks

Auswahl der Wolle

✗ Falls Sie für Ihre Puppen Wolle kaufen müssen, sollten Sie dies rechtzeitig planen, denn im Sommer gibt es kaum dicke und dunkle Wolle zu kaufen.

✗ Es empfiehlt sich, bei sehr großen Händen bzw. dicken Fingern dickere Wolle zu verwenden. Die Puppen fallen dementsprechend größer aus. Für meine Handspielpuppen und gerade für die Fingerpuppen habe ich meist Wollreste verwendet.

✗ Bewußt habe ich auf exakte Hersteller- und Farbangaben verzichtet, da Sie jede beliebige Wolle, natürlich auch Wollreste, verwenden können. Dies bietet sich vor allem für die kleinen Fingerpuppen oder für Teile an, für die Sie sehr wenig Material benötigen, wie zum Beispiel für einen Mund.

Pflegehinweise

Falls Sie die Tiere waschen möchten, sind die Pflegehinweise auf der Banderole zu beachten. Die meisten Füllwatten sind waschbar. Augen, Barthaare, Pfeifenputzer etc. können allerdings nicht in der Waschmaschine gewaschen werden.

Ich empfehle Ihnen daher, die Puppen mit einem Wollwaschmittel vorsichtig von Hand zu waschen. Dazu müssen Sie aber vorher alle Verstärkungen aus Pappe entfernen.

Pfeifenputzer

Bunte Pfeifenputzer zum Basteln erhält man im Bastelfachhandel. Wenn es nicht anders angegeben wird, habe ich diese verwendet, um die Gliedmaßen der Tiere beweglich zu machen und zu verstärken. Echte Pfeifenputzer zum Reinigen von Pfeifen sind nicht so bunt, dick und buschig, für einige Tiere werden sie aber benötigt. Alle Pfeifenputzer, die der Verstärkung dienen, werden doppelt genommen. Dazu werden sie in der Mitte geknickt. Zur Verstärkung von Armen und Beinen werden sie mit etwas Füllwatte umwickelt. Die Enden der Pfeifenputzer sollten Sie umbiegen und mit Klebeband umwickeln, damit sie nicht aus den Tieren herausstechen.

Füllwatte

Die Füllwatte habe ich in den Köpfen bewußt nicht festgenäht, so haben Sie die Möglichkeit, den Gesichtsausdruck des Tieres immer wieder zu verändern.

Bevor es losgeht …

Bitte lesen Sie sich zuerst immer die gesamte Strickanleitung durch. Viele Arbeitsschritte werden erst verständlich, wenn man weiß, wofür sie benötigt werden.

Schwierigkeitsgrad

Die Herstellung der Tiere erfordert unterschiedliche Strickerfahrungen. Der Schwierigkeitsgrad wird deshalb bei jedem Tier angegeben.

 Etwas Strickerfahrung ist Voraussetzung

 Gute Strickerfahrung ist Voraussetzung

 Sehr gute Strickerfahrung ist erforderlich; die Herstellung ist relativ zeitaufwendig

Die Schmusekatzen Tim und Felix

SCHWIERIGKEITSGRAD 3

Die Katzen Tim und Felix haben einen guten Gehör- und Tastsinn. Sie jagen allem hinterher und schnappen nach allem, was sich bewegt. Felix ist eine Hauskatze, Tim eine Langhaarkatze. Beide können ihre Zunge herausstrecken.

Größe:
Ca. 30 cm lang (ohne Schwanz), ca. 25 cm hoch

Material:
Wolle:
Nadelstärke 5-5,5
✗ Ca. 100 g schwarze Wolle oder braun melierte Wolle mit Mohair
✗ Rosa Wollreste
Nadeln:
✗ Stricknadelspiel Nr. 5-5,5
✗ Nähnadel
Sonstiges:
✗ 5 Pfeifenputzer, die Farbe spielt keine Rolle
✗ Tieraugen aus Glas, ø 1,4 cm
✗ Perlonschnur
✗ Füllwatte
✗ Klebstoff

Grundmuster: Glatt rechts.

Die Katze wird von hinten nach vorne gestrickt.

Körper:
4 Maschen pro Nadel anschlagen = 16 Maschen insgesamt. 1 Runde stricken, dann die Maschen verdoppeln = 8 Maschen pro Nadel. 1 Runde stricken. Die Maschen wieder verdoppeln = 16 Maschen pro Nadel. 1 Runde stricken. 4 Maschen pro Nadel zunehmen (jede 4. Masche verdoppeln) = 20 Maschen pro Nadel.
1 Runde stricken.
Für die Beine von der 2. Nadel die ersten 15 Maschen ● und die nächsten 5 Maschen stricken. Die ersten 5 Maschen der 3. Nadel stricken, über die nächsten 15 Maschen ●. Die ersten 15 Maschen der 4. Nadel stricken, für den Schwanz über die nächsten 5 Maschen und die ersten 5 Maschen der 1. Nadel ●.
Nach 24 Runden für den Handeingriff von der 2. Nadel die ersten 10 Maschen stricken und über die nächsten 10 Maschen und die ersten 10 Maschen der 3. Nadel ●. Die letzten 10 Maschen werden gestrickt.
Nach ca. 6 cm (ca. 16 Runden) für die vorderen Beine über die ersten 13

Maschen der 2. Nadel ●, die nächsten 7 Maschen stricken. Dann die nächsten 7 Maschen stricken und über die nächsten 13 Maschen ●.
Für den Hals bzw. Kopf die ersten 4 Maschen der 4. Nadel stricken, dann über die nächsten 16 Maschen und die ersten 16 Maschen der 1. Nadel ●.
1 Runde stricken.
Für die Brust jede 4. und 5. Masche zusammenstricken (nicht bei der ersten Masche anfangen) = 16 Maschen pro Nadel.
1 Runde stricken, immer 2 Maschen zusammenstricken = 8 Maschen pro Nadel. 1 Runde stricken, immer 2 Maschen zusammenstricken = 4 Maschen pro Nadel. 1 Runde stricken. Maschen abketten.

Kopf:
▲ 16 Maschen pro Nadel aufnehmen = 64 Maschen.

Brust:
Jetzt wird nur mit den beiden vorderen Nadel gestrickt. 2 Maschen pro Nadel aufnehmen. 7 Reihen stricken (1 Reihe rechts, 1 Reihe links). Dann wird wieder mit allen 4 Nadeln 1 Runde gestrickt.

Für den Hals immer 2 Maschen zusammenstricken, so daß 8 bzw. 9 Maschen pro Nadel bleiben. 5 Runden stricken.
Für den Kopf wieder jede Masche verdoppeln = 16 Maschen pro Nadel. 10 Runden stricken.
Für die Schnauze die letzten 10 Maschen der 2. Nadel und die ersten 10 Maschen der 3. Nadel ●. 12 Runden stricken. Die 2. und 3. Masche der 1. und 3. Nadel zusammenstricken, dann die 2. und 3. letzte Masche der 2. und 4. Nadel zusammenstricken. Die Abnahme erfolgt so lange, bis 4 Maschen übrigbleiben. 1 Runde stricken, den Faden durch die Maschen ziehen und vernähen.

Schnauze:

▲ 10 Maschen pro Nadel aufnehmen. 1 Runde stricken. Die 2. und 3. Masche der 1. und 3. Nadel und die 2. und 3. letzte Masche der 2. und 4. Nadel zusammenstricken. 1 Runde stricken. Abnahme wiederholen = 8 Maschen pro Nadel.
Für den Mund von der ersten und zweiten Nadel jeweils die mittleren 6 Maschen ●. 1 Runde stricken. Weiterhin in jeder 2. Runde abnehmen, bis noch 4 Maschen auf jeder Nadel sind. Faden durch die Maschen ziehen und vernähen.

Beine hinten:

▲ 7 bzw. 8 Maschen pro Nadel aufnehmen = 30 Maschen. 15 Runden stricken.

Knie:

Die 1. Nadel zeigt nach vorne. Die 1. Masche der 1. Nadel und die letzte Masche der 2. Nadel verdoppeln. Die ersten beiden Maschen der 3. Nadel und die letzten beiden der 4. Nadel zusammenstricken, die Maschen gleichmäßig verteilen. 10 Runden stricken. Von der 1. und der 2. Nadel jeweils die mittleren 7 Maschen ● (insgesamt 14 Maschen). 1 Runde stricken, dann die Maschen abketten.

Fuß hinten:

▲ 7 Maschen pro Nadel aufnehmen = 28 Maschen. 4 Runden stricken. Von der 1. und 3. Nadel die 1. und 2. Masche, von der 2. und 4. Nadel die letzten beiden Maschen zusammenstricken = 6 Maschen pro Nadel. 4 Runden stricken und Abnahme wiederholen = 5 Maschen pro Nadel. Dann 4 Runden stricken, Faden durch die Maschen ziehen und vernähen.

Beine vorne:

▲ 6 bzw. 7 Maschen pro Nadel aufnehmen = 26 Maschen. 13 Runden stricken.

Knie:

Die ersten beiden Maschen der 1. Nadel und die letzte Masche der 2. Nadel verdoppeln. Von der 3. Nadel die ersten beiden Maschen und die letzten beiden der 4. Nadel zusammenstricken, Maschen gleichmäßig verteilen. 10 Runden stricken.
Für die Füße die 1. Masche der 1. Nadel stricken und über die nächsten 5 Maschen sowie über die ersten 6 Maschen der 2. Nadel ●. 1 Runde stricken und die Maschen abketten.

Fuß vorne:

▲ 5 bzw. 6 Maschen pro Nadel aufnehmen = 22 Maschen.
Die vorderen Füße werden ebenso wie die hinteren gestrickt.

Ohren:

Die Ohren werden mit 3 Nadeln gestrickt.
Vorne am Kopf direkt im Gestrickten auf 1 Nadel 10 Maschen aufnehmen. Auf der Rückseite auf die zweite Nadel nochmals 10 Maschen aufnehmen und 3 Runden stricken. Die jeweils ersten und letzten Maschen zusammenstricken = 8 Maschen pro Nadel. 1 Runde stricken und die Abnahme viermal in jeder 2. Runde wiederholen, bis noch 1 Masche auf jeder Nadel ist.
Der Faden wird durch die Maschen gezogen.

Mund:

Mund und Zunge werden mit rosa Wolle gestrickt.
▲ 6 Maschen pro Nadel aufnehmen = 24 Maschen. 1 Runde stricken.
Von der 1. und 3. Nadel die 2. und 3. Masche und von der 2. und 4. Nadel die 2. und 3. letzte Masche zusammenstricken = 5 Maschen. 1 Runde stricken, die Abnahme in jeder 2. Runde wiederholen, bis 3 Maschen auf jeder Nadel sind.
Für die Zunge alle Maschen auf 2 Nadeln verteilen und die ersten und letzten beiden Maschen zusammenstricken = 4 Maschen pro Nadel. 3 Runden stricken und beide mittleren Maschen zusammenstricken. 1 Runde stricken, den Faden durch die Maschen ziehen und vernähen. Der Mund wird nach innen geschoben.

Handeingriff:

▲ 10 Maschen pro Nadel aufnehmen. 1 Runde 1 Masche rechts, 1 Masche links stricken, dann die Maschen abketten.

Schwanz:

▲ 5 Maschen pro Nadel aufnehmen = 20 Maschen. Die Länge des Schwanzes richtet sich nach der vorhandenen Wolle. Er sollte ca. 14 cm lang werden. Dann wird der Faden durch die Maschen gezogen und vernäht.

Fertigstellung:

Die entstandenen Löcher an den Füßen und unter dem Schwanz werden zugenäht. Umwickeln Sie die Pfeifenputzer mit Füllwatte, und stecken Sie sie in Schwanz und Beine. Die Füße umbiegen und die Beine so formen, daß man eine Knieform erkennen kann. Den Kopf am Rükken festnähen, damit er nicht nach unten sinkt, wenn die Katze einfach hingesetzt wird.
Nun nähen Sie die Augen an und sticken die Nase auf. Dann für die Barthaare die Enden von vier bis sechs 7 cm langen Stücken Perlonschnur verknoten, von innen durch den Kopf stecken und festkleben. Alle Fäden vernähen und den Kopf mit Füllwatte ausstopfen.

Die frechen Mäuse Magdalene und Berti

Der Mäusemann Berti ist sehr bemüht, seiner Mäusedame Magdalene zu gefallen. Sie sind beide Hausmäuse und fressen alles, was sie finden.

Größe:
Ca. 32 bzw. 26 cm hoch, ca. 14 bzw. 12 cm breit.

Material:
Wolle:
Nadelstärke 3,5
✗ Ca. 80 g hell- oder dunkelgraue Wolle
✗ Schwarze und rosa bzw. weiße und rote Wollreste
Nadeln:
✗ Stricknadelspiel Nr. 3,5
✗ Nähnadel

Sonstiges:
✗ 1 Pfeifenputzer, die Farbe spielt keine Rolle
✗ Wackelaugen, ø 1,5 cm (für die Mäusedame mit Wimpern)
✗ Perlonschnur
✗ Füllwatte
✗ Klebstoff

Grundmuster: Glatt rechts.

Die Maus wird von unten nach oben gestrickt.

Körper:

12 Maschen pro Nadel anschlagen = 48 Maschen, 1 Runde 1 Masche rechts, 1 Masche links stricken. Für die Füße über die letzten 4 Maschen der 1. Nadel und über die ersten 4 Maschen der 2. Nadel ●. Von der 3. Nadel die letzten 4 Maschen und von der 4. Nadel die ersten 4 Maschen ●. 38 Runden stricken.
Für die Arme über die ersten 8 Maschen der 2. Nadel und über die letzten 8 Maschen der 3. Nadel ●. 1 Runde stricken und immer die ersten beiden Maschen einer Nadel zusammenstricken = 11 Maschen. 5 Runden stricken, die Abnahme wiederholen, dann 4 Runden stricken und die Abnahme wiederholen = 9 Maschen pro Nadel. 3 Runden stricken und für den Hals jede 4. und 5. Masche zusammenstricken = 7 Maschen pro Nadel. 4 Runden stricken. Für den Kopf jede 2. Masche verdoppeln (auf der 1. und 3. Nadel wird einmal mehr verdoppelt, damit auch dort 11 Maschen auf der Nadel sind) = 11 Maschen pro Nadel. 5 Runden stricken und die 1. Masche jeder Nadel verdoppeln = 12 Maschen pro Nadel. 8 Runden stricken.

Für die Schnauze von der 2. Nadel die ersten 2 Maschen stricken, über die nächsten 10 Maschen und die ersten 10 Maschen von der 3. Nadel ●. 12 Runden stricken und jede 3. und 4. Masche zusammenstricken. 4 Runden stricken. Von der 1. und 3. Nadel die letzten beiden Maschen und von der 2. und 4. Nadel die ersten beiden Maschen zusammenstricken. Diese Abnahme erfolgt dreimal in jeder Runde = 6 Maschen pro Nadel.
1 Runde stricken, den Faden durch die Maschen ziehen und vernähen.

Schnauze:

▲ 10 Maschen pro Nadel aufnehmen = 40 Maschen. 1 Runde stricken.
Für das Maul von der 1. und 2. Nadel (die Nadeln, die nach unten zeigen) 20 Maschen ●. 1 Runde stricken und dann immer die ersten beiden Maschen der 1. und 3. Nadel zusammenstricken. Die beiden letzten Maschen der 2. und 4. Nadel zusammenstricken, wieder 1 Runde stricken. Die Abnahme erfolgt insgesamt zehnmal in jeder 2. Runde, bis noch 1. Masche auf jeder Nadel ist. Den Faden durch die Maschen ziehen.

Maul:

Das Maul wird mit rosa bzw. roter Wolle gestrickt.
▲ 10 Maschen pro Nadel aufnehmen = 40 Maschen insgesamt. 2 Runden stricken und die ersten beiden Maschen der 1. und 3. Nadel sowie die letzten beiden Maschen der 2. und 4. Nadel zusammenstricken. Diese Abnahme erfolgt in jeder Runde nochmals fünfmal = 4 Maschen pro Nadel. 2 Runden stricken, die Maschen abketten und die Naht schließen.

Zähne:

Die Zähne werden mit 3 Nadeln mit weißer Wolle gestrickt. Unter der Nase, in der Mitte des Mauls, direkt im Gestrickten 3 Maschen aufnehmen. Auf der Rückseite nochmals 3 Maschen aufnehmen. 3 Runden stricken und die Maschen abketten.
Der andere Zahn wird genauso gestrickt.

Nase:

Die Nase wird separat mit schwarzer Wolle und 5 Nadeln gestrickt. 1 Masche pro Nadel aufnehmen und 1 Runde stricken. Dann die Maschen verdoppeln = 2 Maschen pro Nadel. 1 Runde stricken. Dann immer die 1. Masche einer Nadel verdoppeln = 3 Maschen pro Nadel. 1 Runde stricken und wieder die 1. Masche jeder Nadel verdoppeln = 4 Maschen pro Nadel.

2 Runden stricken. Jetzt die Maschen in jeder 2. Runde abnehmen, bis noch 1 Masche auf jeder Nadel ist.
Die Nase mit Füllwatte fest ausstopfen, den Faden durch die Maschen ziehen und dabei die Maschen fest zusammenziehen. Den Faden vernähen.
Mit dem restlichen Faden wird die Nase auf der Spitze der Schnauze festgenäht.

Füße:

▲ 4 Maschen pro Nadel aufnehmen = 16 Maschen. 8 Runden stricken, dann die ersten beiden Maschen der 1. und 3. Nadel und die letzten beiden Maschen der 2. und 4. Nadel zusammenstricken = 3 Maschen pro Nadel. 1 Runde stricken und die Abnahme wiederholen = 2 Maschen pro Nadel. 1 Runde stricken, den Faden durch die Maschen ziehen und vernähen. Den anderen Fuß genauso stricken.

Arme:

▲ 4 Maschen pro Nadel aufnehmen = 16 Maschen. 13 Runden stricken, dann die beiden letzten Maschen der 1. und 3. Nadel und die beiden ersten Maschen der 2. und 4. Nadel zusammenstricken = 3 Maschen pro Nadel. 1 Runde stricken und die Abnahme wiederholen = 2 Maschen pro Nadel. 1 Runde stricken, den Faden durch die

Maschen ziehen und vernähen. Den anderen Arm genauso stricken.

Schwanz:

▲ 3 Maschen pro Nadel aufnehmen = 12 Maschen. 30 Runden stricken. Die beiden ersten Maschen der 1. und 3. Nadel zusammenstricken = insgesamt 10 Maschen. 30 Runden stricken. Die ersten beiden Maschen der 2. und 4. Nadel zusammenstricken = insgesamt 8 Maschen. 20 Runden stricken, dabei immer 2 Maschen zusammenstricken = 1 Masche pro Nadel. 10 Runden stricken und den Faden durch die Maschen ziehen.

Ohren:

Die Ohren werden mit 3 Nadeln gleich doppelt gestrickt und dann an den Kopf genäht. 4 Maschen pro Nadel aufnehmen = 8 Maschen insgesamt. 1 Runde stricken und die Randmaschen verdoppeln = 6 Maschen pro Nadel. Die Zunahme erfolgt noch viermal in jeder 2. Runde = 14 Maschen pro Nadel. 2 Runden stricken und nochmals zunehmen = 16 Maschen pro Nadel. 6 Runden stricken, dann fünfmal in jeder 2. Runde die Randmaschen zusammenstricken = 6 Maschen pro Nadel. 1 Runde stricken, den Faden durch die Maschen ziehen und vernähen.

Das andere Ohr genauso stricken.

Fertigstellung:

Die Ohren innen mit einem Pfeifenputzer ringsherum auslegen, so daß sie stehenbleiben und am Kopf festnähen.
3 ca. 7 cm lange Barthaare aus Perlonschnur zuschneiden, in der Mitte verknoten, von innen durch den Kopf schieben und festkleben.
Die Augen annähen, die Fäden vernähen und den Kopf mit Füllwatte ausstopfen.
Der Mund der Mäusedame wird noch mit roter Wolle umhäkelt. Dazu in das Gestrickte einstechen und 1 Luftmasche und 1 feste Masche häkeln.

Die Stockente Helene

Helene ist eine Stockente und lebt in einem Teich. Sie gehört zu den Schwimmenten und nicht zu den Tauchenten. Sie kann ihren Schnabel auf- und zuklappen.

Größe:
Ca. 14 cm lang,
ca. 23 cm breit

Material:

Wolle:
Nadelstärke ca. 3
Da die Ente aus vielen Wollresten gestrickt wird, sind Grammangaben nicht möglich. Sie können Wollreste verwenden, die Sie gerade zur Verfügung haben und die gut zur Ente passen. Ich habe hell- und dunkelgraue, dunkelgrüne, braune, naturfarbene, lila, schwarze, weiße und orangefarbene Wolle verwendet.

Nadeln:
✗ Stricknadelspiel Nr. 3
✗ Nähnadel
Sonstiges:
✗ 1 orangefarbener
 Pfeifenputzer
✗ Füllwatte
✗ Dicke Pappe
✗ Klebeband

Grundmuster: Glatt rechts.

Die Ente wird vom Handeingriff bis zur Brust gestrickt. Der Kopf wird angestrickt.

Körper:

Der Körper wird mit hellgrauer Wolle gestrickt. 15 Maschen pro Nadel aufnehmen = 60 Maschen insgesamt. 2 Runden 1 Masche rechts, 1 Masche links stricken. 24 Runden stricken.
Für die Füße von der 2. Nadel 7 Maschen stricken, über 4 Maschen ● und 4 Maschen stricken. Von der 3. Nadel 4 Maschen stricken, über 4 Maschen ● und 7 Maschen stricken. 19 Runden stricken. Dann mit brauner Wolle 2 Runden stricken.
Für den Hals wird über die 4. und 1. Nadel (diese Reihenfolge ist wichtig!) wie folgt gestrickt:
6 Maschen von der 4. Nadel stricken, dann über 9 Maschen ●. Von der 1. Nadel wird über 9 Maschen ● und 6 Maschen gestrickt.
Jetzt wird die Brust gestrickt: 6 Runden stricken, dann immer 2 Maschen zusammenstricken = 30 Maschen. In der nächsten Runde nochmals immer 2 Maschen zusammenstricken = 15 Maschen. 1 Runde stricken, den Faden durch die Maschen ziehen. Nicht zu fest ziehen, sonst entstehen zu viele Falten. Mit

dem Faden das Loch schließen und vernähen.

Hals und Kopf:

▲ 9 Maschen pro Nadel aufnehmen = 36 Maschen insgesamt. 1 Runde mit weißer Wolle stricken und jede 4. und 5. Masche zusammenstricken = 29 Maschen. Nun mit der dunkelgrünen Wolle weiterstricken. 6 Runden stricken. Jetzt wird jede 3. Masche verdoppelt = 38 Maschen. 6 Runden stricken.
Für den Schnabel von der 2. Nadel 3 Maschen stricken und über 7 Maschen ●, von der 3. Nadel 7 Maschen ● und 3 Maschen stricken. 12 Runden stricken. Immer 2 Maschen zusammenstricken = 20 Maschen. In der nächsten Runde immer 2 Maschen zusammenstricken = 10 Maschen. Faden durch die Maschen ziehen, das entstandene Loch zunähen und den Faden vernähen.

Schnabel:

Der Schnabel aus naturfarbener Wolle wird in 3 Teilen und mit 3 Nadeln gestrickt.
Muster: 1 Reihe rechts, 1 Reihe links.
Für das untere Schnabelteil ▲ 7 Maschen pro Nadel aufnehmen = 14 Maschen. 5 Reihen stricken, die ersten beiden Maschen der 1. Nadel und die letzten beiden der 2. Nadel zusammenstricken. 4 Reihen stricken, dann

Abnahme wiederholen. 2 Reihen stricken, dann Abnahme wiederholen. 2 Reihen stricken, dann Abnahme wiederholen. 1 Reihe stricken. In der nächsten Reihe wieder abnehmen. Die restlichen 4 Maschen werden abgekettet. Das obere Schnabelteil wird genauso gestrickt. Das innere Schnabelteil wird mit 2 Nadeln gestrickt. 4 Maschen aufnehmen. In der nächsten Reihe beide Randmaschen verdoppeln = 6 Maschen. 1 Reihe stricken, dann Zunahme wiederholen = 8 Maschen. 2 Reihen stricken, dann Zunahme wiederholen = 10 Maschen. 2 Reihen stricken, dann Zunahme wiederholen = 12 Maschen. 2 Reihen stricken, dann Zunahme wiederholen = 14 Maschen. 4 Reihen stricken, dann Zunahme wiederholen = 16 Maschen. Dann 5 Reihen stricken. In der nächsten Reihe die Randmaschen auf beiden Seiten mit der nächsten Masche zusammenstricken = 14 Maschen. 4 Reihen stricken, dann Abnahme wiederholen = 12 Maschen. 2 Reihen stricken, dann Abnahme wiederholen = 10 Maschen. 2 Reihen stricken, dann Abnahme wiederholen = 8 Maschen. 1 Reihe stricken, dann Abnahme wiederholen = 6 Maschen. 1 Reihe stricken, dann Abnahme wiederholen = 4 Maschen. 1 Reihe stricken,

Maschen abketten.
Nun wird dieses Schnabel-
teil an die anderen beiden
Schnabelteile genäht.

Flügel:

Der Flügel wird mit 2 Na-
deln, zu Beginn mit dunkelgrauer Wolle, gestrickt.
Muster: 1 Reihe rechts,
1 Reihe links.
5 Maschen aufnehmen. 4
Reihen stricken, die Randmaschen verdoppeln. Jetzt
die Zunahme fünfmal in jeder 2. Reihe wiederholen
= 17 Maschen. 10 Reihen
ohne Zunahme stricken.
Dann die letzten 6 Ma-
schen über 2 Reihen mit
lila Wolle stricken. Nun nur
auf der mit der lila Wolle
gestrickten Seite abneh-
men, also die letzte Ma-
sche und die Randmasche
zusammenstricken. 1 Reihe
stricken und die Abnahme
wiederholen.
1 Reihe stricken und die
Abnahme wiederholen =
4 lila Maschen (Rand-
masche mitgerechnet),
dann nochmals die Ab-
nahme wiederholen. Nun
mit schwarzer Wolle 4
Maschen weiterstricken.
1 Masche abnehmen = 2
Maschen mit schwarzer
Wolle. In der nächsten Reihe wieder 1 Masche ab-
nehmen = 3 Maschen mit
weißer und 8 Maschen mit
dunkelgrauer Wolle. Nun 3
Maschen mit weißer Wolle
weiterstricken. In der nächsten Reihe wieder 1 Ma-
sche abnehmen. Nun mit
der dunkelgrauen Wolle

weiterstricken. In jeder Reihe 1 Masche abnehmen
(noch immer nur auf einer
Seite), bis noch 6 Maschen
auf der Nadel sind. Diese
6 Maschen werden abge-
kettet.
Der andere Flügel wird
gegengleich gestrickt, d.h.
die bunte Seite und die
Abnahme werden zu Be-
ginn des Flügels gestrickt.

Beine und Füße:

Die Füße und Beine wer-
den mit 3 Nadeln mit
orangefarbener Wolle
gestrickt. Für die Beine ▲
4 Maschen pro Nadel
aufnehmen = 8 Maschen
und 11 Reihen stricken.
Die Füße werden einzeln
gestrickt, d.h. es wird nur
mit 2 Nadeln (4 Maschen)
weitergestrickt. Gleich in
der ersten Reihe die Randmaschen verdoppeln =
6 Maschen. Dann dreimal
in jeder 4. Reihe die Randmaschen verdoppeln =
12 Maschen. 1 Reihe strikken, dann die Maschen
abketten. Das andere Bein
und den anderen Fuß ge-
nauso stricken.

Fertigstellung:

Mit schwarzer Wolle wer-
den seitlich die Augen aufgestickt. Der Schnabel wird
auf ein Stück Pappe ge-
legt und nachgezeichnet.
Diese Zeichnung wird et-
was kleiner ausgeschnitten
und zur Verstärkung in den
Schnabel gesteckt. Der
Schnabel muß sich gut be-
wegen lassen. Die Pappe

wird dann etwas fest-
genäht.
Die Füße werden auf die
gleiche Art verstärkt. Durch
das Bein wird ein Stück
Pfeifenputzer gesteckt und
an dem Pappestück mit
Klebeband festgeklebt.
Die beiden Fußteile und
die dazwischenliegende
Pappe werden zusam-
mengenäht. Der Pfeifen-
putzer wird in die richtige
Form gebogen, und die
Fäden werden vernäht.
Nun noch die Flügel an
den Seiten festnähen und
den Kopf mit Füllwatte
ausstopfen.

Ludwig und Oskar, zwei quakende Frösche

Die Frösche Ludwig und Oskar leben in einem Teich. Sie haben kräftige Hinterbeine und können damit weit springen und gut schwimmen.
Ludwig und Oskar können ihr großes Maul weit auf- und zuklappen.

Größe:
Ca. 23 bzw. 18 cm hoch,
ca. 20 bzw. 14 cm breit

Material:

Wolle:
Kleiner Frosch:
Nadelstärke 3-3,5
✗ Ca. 50 g grüne Wolle
Großer Frosch:
Nadelstärke 4-4,5
✗ Ca. 90 g grüne Wolle
Nadelstärke 2-2,5
✗ Ca. 10 g rote Wolle
Nadeln:
✗ Stricknadelspiel Nr. 3 bzw. 4
✗ Nähnadel
Sonstiges:
✗ 2 Wattekugeln (pro Frosch), ø 1,8 cm
✗ Füllwatte
✗ Schwarzer, wasserfester Filzstift
✗ Dicke Pappe

Grundmuster: Glatt rechts.
Der Frosch wird vom Handeingriff bis zum Kopf gestrickt.

Körper:

Mit grüner Wolle 15 Maschen pro Nadel aufnehmen = 60 Maschen insgesamt. 1 Runde 1 Masche rechts, 1 Masche links stricken. Dann jede 3. Masche verdoppeln = 80 Maschen. In der nächsten Runde für die Füße 18 Maschen von der 1. Nadel stricken, die nächsten 2 Maschen und 8 Maschen von der 2. Nadel ●. Die nächsten 12 Maschen von der 2. Nadel stricken. Von der 3. Nadel die ersten 12 Maschen stricken, die nächsten 8 Maschen und 2 Maschen von der 4 Nadel ●. Die restlichen 18 Maschen stricken. 30 Runden stricken. Dann für die Arme die ersten 6 Maschen der 2. Nadel und die letzten 6 Maschen der 3. Nadel ●. 11 Runden stricken. Jede 3. und 4. Masche zusammenstricken = 60 Maschen. 18 Runden stricken. Für das Maul über die 2. und 3. Nadel ● = 15 Maschen pro Nadel. 16 Runden stricken und den Faden durch die Maschen ziehen. So entstehen oben am Kopf viele Falten. Sie werden für die Augenwölbung benötigt. Dazu nehmen Sie die Falten etwas

zusammen und nähen eine Augenwölbung ab.

Füße:

Die Füße werden mit 3 Nadeln gestrickt.
▲ 10 Maschen pro Nadel aufnehmen = 20 Maschen insgesamt. 5 Runden stricken, jeweils die erste und letzte Masche einer Nadel verdoppeln = 12 Maschen pro Nadel. 4 Runden stricken und die Zunahme wiederholen = 14 Maschen pro Nadel. 5 Runden stricken und die Zunahme wiederholen = 16 Maschen pro Nadel. 5 Runden stricken und die Maschen abketten. Den zweiten Fuß genauso stricken.

Arme:

Die Arme werden mit 3 Nadeln gestrickt.
▲ 6 Maschen pro Nadel aufnehmen. 6 Runden stricken und genauso wie bei den Füßen die Maschen verdoppeln. 5 Runden stricken und die Zunahme wiederholen. 4 Runden stricken, Zunahme wiederholen = 10 Maschen pro Nadel. 3 Runden stricken und die Maschen abketten. Den zweiten Arm genauso stricken.

Maul:

Das Maul wird mit 5 Nadeln mit roter Wolle gestrickt.

▲ 15 Maschen pro Nadel aufnehmen und 1 Runde stricken. Jetzt in jeder Runde die 2. und 3. Masche der 1. und 3. Nadel und die 2. und 3. letzte Masche der 2. und 4. Nadel zusammenstricken. 11 Runden stricken und diese Abnahme wiederholen = 4 Maschen pro Nadel. Maschen abketten, die Naht mit dem Faden schließen.

Fertigstellung:

Füße und Arme auf ein Stück Pappe legen und nachzeichnen. Die Zeichnung etwas kleiner ausschneiden und in die Füße und Arme stecken. Die vordere und hintere Naht wird geschlossen. Bei den Armen bleibt die Naht offen, damit man mit den Fingern in sie fassen kann.
Auch das Maul wird auf ein Stück Pappe gelegt, nachgezeichnet und ausgeschnitten. Legen Sie die Pappe zunächst in das Maul und versuchen Sie, ob es sich gut bewegen läßt. Falls dies nicht der Fall ist, müssen Sie dickere oder dünnere Pappe verwenden. Die Pappe wird anschließend festgenäht. Auf die Wattekugeln werden Pupillen aufgemalt. Die Augen werden dann auf die Augenwölbung genäht. Vernähen Sie anschließend die Fäden. Den Kopf stopfen Sie mit etwas Füllwatte aus.

Isidor und Meinrad

Anleitung ab Seite 22

Schleckige Bären: Isidor und Meinrad

SCHWIERIGKEITSGRAD 2

Die Bären Isidor und Meinrad sind Allesfresser und leben im Wald. Besonders gerne schlecken sie süßen Honig.

Größe:
Ca. 27 cm lang,
ca. 15 bzw. 30 cm breit

Material:

Wolle:
Hellbrauner Bär:
Nadelstärke 4,5-5,5
✗ Ca. 50 g hellbraunes Bouclé
✗ Roter Wollrest
Dunkelbrauner Bär:
Nadelstärke 5-6
✗ Ca. 90 g dunkelbraunes Bouclé
✗ Rosa Wollrest
Nadeln:
✗ Stricknadelspiel Nr. 4,5-5,5 bzw. 5-6
✗ Nähnadel
Sonstiges:
✗ Tieraugen aus Glas, ø 1,2 bzw. 1,5 cm
✗ Füllwatte
✗ Tiernasen, ø 1,8 bzw. 2 cm

Grundmuster: Glatt rechts.

Die Bären werden von unten nach oben gestrickt.

Körper:
10 Maschen pro Nadel aufnehmen = 40 Maschen. 2 Runden 1 Masche rechts, 1 Masche links stricken. Für den 1. Fuß über die letzten 2 Maschen der 1. Nadel und über die ersten 6 Maschen der 3. Nadel ●.
Für den 2. Fuß über die letzten 6 Maschen der 3. Nadel und die ersten 2 Maschen der 4. Nadel ●.
Für den Schwanz über die letzten 4 Maschen der 4. Nadel und die ersten 4 Maschen der 1. Nadel ●. Dann für den Bauch jede 4. Masche der 2. und 3. Nadel verdoppeln = 25 Maschen insgesamt (2. Nadel = 12 Maschen, 3. Nadel = 13 Maschen). 30 Runden stricken. Nun jede 4. und 5. Masche der 2. und 3. Nadel zusammenstricken = 10 Maschen pro Nadel. 3 Runden stricken. Für die Arme über die ersten 6 Maschen der 2. Nadel und über die letzten 6 Maschen der 3. Nadel ●. 14 Runden stricken, dann jede 2. und 3. Masche zusammenstricken = 7 Maschen pro Nadel (Hals). 6 Runden stricken, dann jede 2. Masche verdoppeln = 10 Maschen pro Nadel. 6 Runden stricken. Für das Maul die ersten 4 Maschen der 2. Nadel stricken. Über die nächsten 6 Maschen und über die ersten 6 Maschen der 3. Nadel ● und 12 weitere Runden stricken. Jetzt immer 2 Maschen zusammenstricken = 5 Maschen. 3 Runden stricken und den Faden durch die Maschen ziehen.

Schwanz:
▲ 4 Maschen pro Nadel aufnehmen. 2 Runden stricken und die ersten beiden Maschen der 1. und 3. Nadel und die letzten beiden Maschen der 2. und 4. Nadel zusammenstricken = 3 Maschen pro Nadel. 2 Runden stricken und die Abnahme wiederholen. 1 Runde stricken, den Faden durch die Maschen ziehen und vernähen.

Füße:

▲ 4 Maschen pro Nadel aufnehmen und 3 Runden stricken. Dann die ersten beiden Maschen der 1. und 3. Nadel und die letzten beiden Maschen der 2. und 4. Nadel zusammenstricken = 3 Maschen. 2 Runden stricken, die Abnahme wiederholen, dann 1 Runde stricken, den Faden durch die Maschen ziehen und vernähen.
Den zweiten Fuß genauso stricken.

Arme:

▲ 3 Maschen pro Nadel aufnehmen. Die erste Nadel zeigt nach unten zum Bauch. 8 Runden stricken. Dann die ersten beiden Maschen der 1. und 3. Nadel und die letzten beiden Maschen der 2. und 4. Nadel zusammenstricken = 2 Maschen pro Nadel. 1 Runde stricken, den Faden durch die Maschen ziehen und vernähen.
Den zweiten Arm genauso stricken.

Schnauze:

▲ 6 Maschen pro Nadel aufnehmen. Für das Maul über die 1. und 2. Nadel ●. 1 Runde stricken, dann von der 1. und 3. Nadel die ersten beiden Maschen und von der 2. und 4. Nadel die letzten beiden Maschen zusammenstricken = 5 Maschen pro Nadel. 1 Runde stricken und die Abnahme wiederholen = 4 Maschen pro Nadel.

1 Runde stricken und die Abnahme wiederholen = 3 Maschen pro Nadel. 1 Runde stricken, den Faden durch die Maschen ziehen und vernähen.

Ohren:

Die Ohren werden mit 3 Nadeln gestrickt. Die Vorder- und Rückseite der Ohren wird doppelt gestrickt. Dazu seitlich am Kopf auf beiden Seiten 10 Maschen auf je eine Nadel aufnehmen. 2 Runden stricken und die ersten beiden Maschen sowie die letzten beiden Maschen beider Nadeln zusammenstricken = 8 Maschen pro Nadel.
2 Runden stricken, die Abnahme wiederholen = 6 Maschen pro Nadel.
2 Runden stricken, die Abnahme wiederholen = 4 Maschen pro Nadel.
1 Runde stricken, den Faden durch die Maschen ziehen.
Das zweite Ohr genauso stricken.

Maul:

Das Maul wird mit roter bzw. rosa Wolle gestrickt.
▲ 6 Maschen pro Nadel aufnehmen = 24 Maschen. 3 Runden stricken und die ersten beiden Maschen der 1. und 3. Nadel und die letzten beiden Maschen der 2. und 4. Nadel zusammenstricken = 5 Maschen pro Nadel. 1 Runde stricken und die Abnahme wiederholen = 4 Maschen

pro Nadel. 1 Runde stricken und die Abnahme wiederholen = 3 Maschen pro Nadel. 1 Runde stricken, die Maschen abketten und das Loch zunähen.

Fertigstellung:

Die Augen und die Nase aufnähen. Die Schnauze wird mit Füllwatte ausgestopft und mit einem Steppstich ringsherum umnäht. Dann wird der Faden zusammengezogen und vernäht. So erhält die Schnauze ihre Form.
Der Schwanz wird mit etwas Füllwatte ausgestopft, und die Naht wird geschlossen.
Nun vernähen Sie alle Fäden und stopfen den Kopf mit Füllwatte aus.

Fangspiel: Krokodile Rudi und Reinmund

Die Krokodile Rudi und Reinmund sind Kriechtiere. Sie haben viele scharfe Zähne und schnappen nach allem, was sich bewegt. Natürlich auch nach Federn. So kann man mit beiden ein lustiges Fangspiel machen.
Die Federn werden in die Luft geworfen, und man muß versuchen, sie mit dem Maul des Krokodils zu fangen.

Größe:
Ca. 24 cm lang

Material (je Krokodil):
Wolle:
Nadelstärke 3-3,5
- Ca. 35 g braun-grün melierte und grüne Wolle
- Ca. 20 g orangefarbene Wolle
- Weißer Wollrest
Nadeln:
- Stricknadelspiel Nr. 3-3,5
- Häkelnadel Nr. 3
- Nähnadel
Sonstiges:
- 2 Tieraugen aus Glas, ⌀ 1,8 cm
- Füllwatte

Grundmuster: Glatt rechts.

Das Krokodil wird vom Handeingriff bis zum Maul gestrickt.

Körper:
Das Krokodil wird gleichzeitig mit der braun-grün melierten und mit der grünen Wolle gestrickt. 10 Maschen pro Nadel anschlagen = 40 Maschen. 3 Runden 1 Masche rechts, 1 Masche links stricken. 34 Runden rechts stricken. Für die Augenwölbung die 1. Masche der 2. Nadel und die letzte Masche der 3. Nadel verdoppeln = 11 Maschen. 3 Runden stricken. Die Masche vor der zugenommenen Masche und die zugenommene Masche verdoppeln = 13 Maschen. Zunahme nach 3 Runden wiederholen = 15 Maschen. 3 Runden stricken. Die 5 zugenommenen Maschen auf einmal abnehmen bzw. zusammenstricken. 3 Runden stricken. Für die obere Seite des Mauls jetzt nur mit der 1. und 2. Nadel weiterstricken. 1 Reihe rechts und 1 Reihe links stricken. Dann in jeder 2. Reihe die 1. und 2. Masche der 1. Nadel und die letzten beiden Maschen der 2. Nadel zusammenstricken. Diese Abnahme erfolgt sechsmal

= 4 Maschen pro Nadel. 2 Reihen stricken. Für die Nasenlöcher 2 Maschen stricken, die nächste Masche und die drittletzte Masche der 2. Nadel verdoppeln. Die 2. und 3. Masche und die 4. und 5. Masche der 1. Nadel zusammenstricken. Von der 2. Nadel die 1. Masche stricken, die 2. und 3. Masche zusammenstricken = 3 Maschen pro Nadel. 4 Reihen stricken, Maschen abketten.
Die untere Maulhälfte genauso stricken. Die Zu- und Abnahme für die Nasenlöcher entfällt.
Die Innenseite des Mauls wird mit 3 Nadeln in orangefarbener Wolle gestrickt. Sie beginnen an der oberen, inneren Spitze des Mauls. Zunächst 4 Maschen auf 1 Nadel aufnehmen und dabei gleich die grünen Randmaschen der oberen Maulspitze an jeder Seite mit auf die Nadel aufnehmen. Die erste und letzte Masche ist jetzt grün. Nun 1 Reihe rechts und 1 Reihe links stricken. Die nächsten grünen Randmaschen aufnehmen und 1 Reihe rechts und 1

Reihe links stricken. Die Aufnahme der Maschen hängt von der Wolle ab. Hier müssen Sie nach Gefühl arbeiten. Das orangefarbene Innere des Mauls sollte keine Falten schlagen. In der Mitte des Mauls angekommen, sollten Sie ca. 20 Maschen auf der Nadel haben.

Für die untere Maulhälfte dann die grüne Randmasche und die erste orangefarbene Masche zusammenstricken. Das Innere des Mauls wird von der breiten Mitte bis zur Spitze gestrickt. Wenn nur noch 4 Maschen auf der Nadel

sind, die Maschen abketten.

Jetzt wird mit grüner Wolle der grüne Ober- und Unterkiefer umhäkelt. Dazu mit der Häkelnadel in das Gestrickte einstechen und 1 feste Masche häkeln. Genauso wird das orangefarbene Innere des Mauls mit der orangefarbenen Wolle umhäkelt. Zwischen diesen beiden gehäkelten Reihen werden mit weißer Wolle die Zähne gehäkelt. Dazu in das Gestrickte einstechen, 1 feste Masche häkeln, nochmals einstechen und 1 weitere feste Masche

häkeln. Dann 3 Luftmaschen häkeln und in diese 2 feste Maschen häkeln. So verfahren Sie, bis das Krokodil ca. 30 Zähne hat.

Fertigstellung:
Die Augenwölbung wird mit Füllwatte ausgestopft und abgenäht, so daß die Watte nicht herausfallen kann. Die Augen werden seitlich aufgenäht. Abschließend vernähen Sie die Fäden.

Das Drachenpaar Isolde und Hermann

Hermann und Isolde sind ganz harmlos, auch wenn sie versuchen, grimmig dreinzuschauen. Sie können zwar kein Feuer speien, aber ihre Zungen herausstrecken. In China ist der Drache ein Sinnbild für das Glück. Bei uns kommt er in vielen Sagen und Märchen vor.

Material:
Wolle:
Nadelstärke 3-4
✗ Ca. 60 g hellgrüne Wolle
✗ Ca. 15 g dunkelgrüne Wolle
Nadelstärke 2,5-3
✗ Weiße und schwarze Wollreste
✗ Rote, flauschige Wollreste
Nadeln:
✗ Stricknadelspiel Nr. 3
✗ Häkelnadel Nr. 2 und 3
✗ Nähnadel

Sonstiges:
✗ Tieraugen aus Plastik, oval, ø 1,5 und rund, ø 1,8 cm
✗ Füllwatte

Größe:
Ca. 40 cm lang (mit Schwanz)

Grundmuster: Glatt rechts.

Der Drache wird von unten nach oben gestrickt. Der Schwanz wird angestrickt.

Körper:
15 Maschen pro Nadel aufnehmen = 60 Maschen. 1 Runde 1 Masche rechts, 1 Masche links stricken. Dann jede 6. Masche verdoppeln = 70 Maschen. 20 Maschen stricken, 10 Maschen für den Fuß ●, 10 Maschen stricken,10 Maschen für den 2. Fuß ●, 10 Maschen stricken. Für den Schwanz die letzten 10 Maschen der 4. Nadel und die ersten 10 Maschen der 1. Nadel ●.

7 Runden stricken.

Für den Bauch nun auf der 2. und 3. Nadel zunehmen. Dazu jede 6. Masche verdoppeln, dabei aber nicht mit der ersten Masche anfangen. Insgesamt werden 6 Maschen zugenommen. 38 Runden stricken. Die Maschen für den Bauch werden an der gleichen Stelle abgenommen, an der sie zugenommen wurden. 1 Runde stricken und für die Arme die ersten 3 Maschen der 2. Nadel stricken, dann über 8 Maschen ●.

Für den zweiten Arm die ersten 5 Maschen der 3. Nadel stricken, dann über 8 Maschen ●. 3 Runden stricken. Die 1. und 2. Masche der 1. Nadel und jede 8. und 9. Masche zusammenstricken. 10 Runden stricken, dann wieder jede 8. und 9. Masche zusammenstricken = 12 Maschen. 8 Runden stricken. Für die Schnauze 4 Maschen der 2. Nadel stricken, dann über die nächsten 10 Maschen und über die ersten 10 Maschen der 3. Nadel ●. 1 Runde stricken. Wieder jede 8. und 9. Masche zusammenstricken. 12 Runden stricken und jede 8. und 9. Masche zusammenstricken. 6 Runden stricken und jede 8. und 9. Masche zusammenstricken. 3 Runden stricken und jede 6. und 7. Masche zusammenstricken. 3 Runden stricken und jede 4. und 5.

Masche zusammenstricken = 7 Maschen. 1 Runde stricken, Maschen abketten und mit der restlichen Wolle die offene Stelle zunähen.

Ohren:

Die Ohren werden mit 3 Nadeln gestrickt. Dazu seitlich am Kopf für Vorder- und Rückseite jeweils 10 Maschen aufnehmen. Zum Aufnehmen der Maschen für die Rückseite der Ohren nehmen Sie am besten eine Häkelnadel. 2 Runden stricken. Auf jeder Seite die ersten beiden und die letzten beiden Maschen zusammenstricken. 1 Runde stricken. Viermal wiederholen, bis nur noch 1 Masche auf jeder Nadel ist. Den Faden durch die Maschen ziehen und vernähen.
Das zweite Ohr genauso stricken.

Schwanz:

▲ 10 Maschen pro Nadel aufnehmen. 16 Runden stricken. Die 1. und 2. Masche jeder Nadel zusammenstricken = 9 Maschen. 3 Runden stricken. Diese Abnahme neunmal in jeder 3. Runde wiederholen, bis nur noch 1 Masche auf jeder Nadel ist. Dann wird der Faden durch die Maschen gezogen.

Füße:

▲ 5 Maschen pro Nadel aufnehmen = 20 Maschen. 5 Runden stricken. Die 1. und 2. Masche der 1. und 3. Nadel und die beiden letzten Maschen der 2. und 4. Nadel zusammenstricken. 4 Runden stricken. Abnahme wiederholen und 3 Runden stricken. Dann den Faden durch die Maschen ziehen und vernähen.

Arme:

▲ 4 Maschen pro Nadel aufnehmen = 16 Maschen. 10 Runden stricken. Es wird wie bei den Füßen abgenommen. 3 Runden stricken. Abnahme wiederholen = 2 Maschen pro Nadel. 2 Runden stricken, dann den Faden durch die Maschen ziehen.

Schnauze:

▲ 10 Maschen pro Nadel aufnehmen = 40 Maschen. 1 Runde stricken. Die ersten beiden Maschen der 1. Nadel und die beiden letzten Maschen der 2. Nadel zusammenstricken. Die Abnahme wird in jeder 4. Runde wiederholt (viermal), bis noch 5 Maschen auf der 1. und 2. Nadel sind. Gleichzeitig wird die letzte Masche der 3. Nadel (Nadel in Richtung Kopf) verdoppelt. In jeder nächsten Runde die Masche vor der zugenommenen und die zugenommene Masche verdoppeln. So entsteht ein Dreieck.

Achtmal zunehmen, dann in der nächsten Runde die 1. und 2. Masche der 3. Nadel zusammenstricken. 5 Maschen stricken, 1 Masche zunehmen = 20 Maschen auf der 3. Nadel. Auf der 4. Nadel nach 3 Maschen, also nach der letzten zugenommenen, 1 Masche zunehmen und die letzten beiden Maschen zusammenstricken = 20 Maschen auf der 4. Nadel. 8 Runden stricken und in jeder Runde (3. und 4. Nadel) die Abnahme wiederholen. Dann immer 2 Maschen zusammenstricken (nur 3. und 4. Nadel) = 6 Maschen pro Nadel. Auf der 1. und 2. Nadel sind jetzt jeweils 5 Maschen. 1 Runde stricken. Für den Mund mit roter Wolle weiterstricken. 3 Runden stricken. Von der 1. und 3. Nadel die ersten beiden Maschen und von der 2. und 4. Nadel die letzten beiden Maschen zusammenstricken. Abnahme in jeder Runde wiederholen, bis noch 2 Maschen auf jeder Nadel sind. Auf der 3. und 4. Nadel ist 1 Masche mehr, deshalb müssen Sie hier einmal mehr abnehmen.
Jetzt für die Zunge noch 4 Runden stricken. Dann die Maschen abketten und das Loch zunähen. Die Zunge wird durch eine Naht vom Maul getrennt. Der Mund wird noch mit roter Wolle umhäkelt. Dazu wird in das Gestrickte eingestochen und 1 Luftmasche und 1 feste Masche gehäkelt.

Zähne:

Die Drachen bekommen oben und unten jeweils zwei Zähne, die mit 3 Nadeln und weißer Wolle gestrickt werden.
Im Maul im Gestrickten mit einer Nadel 2 Maschen aufnehmen. Auf der Rückseite dieser Nadeln mit der zweiten Nadel nochmals 2 Maschen aufnehmen. 3 Runden stricken und die Maschen zusammenstricken. Den Faden durch die Maschen ziehen und vernähen.

Zacken:

Die Zacken werden mit 3 Nadeln mit dunkelgrüner Wolle gestrickt. Nehmen Sie die Maschen am besten mit einer Häkelnadel auf. Zwischen den Ohren für die erste Zacke 10 Maschen aufnehmen. Dazu in 1 Masche des Gestrickten einstechen und den Faden durchziehen. Den Drachen nun wenden und 10 Maschen auf der Rückseite aufnehmen. 1 Runde stricken. Die ersten beiden Maschen und die letzten beiden Maschen zusammenstricken (auch bei der 2. Nadel) = 8 Maschen. 1 Runde stricken. Die Abnahme wiederholen = 6 Maschen. So lange abnehmen, bis nur noch 1 Masche auf jeder Nadel ist. Dann wird der Faden durch die Maschen gezogen. Auf diese Art werden 10 Zacken bis zum Beginn des Schwanzes gestrickt. Dann stricken Sie drei kleinere Zacken. Dazu 8 Maschen pro Nadel aufnehmen und genauso wie die großen Zacken stricken und abnehmen. Dann werden auf die gleiche Art 3 Zacken mit 6 Maschen pro Nadel, 2 Zacken mit 4 Maschen und 1 Zacke mit 2 Maschen gestrickt.

Haare:

Die Haare aus roter Flauschwolle werden eingeknüpft. Dazu einige 10 cm lange Fäden abschneiden und mit einer Häkelnadel auf dem Kopf einknüpfen (s. S. 6).

Fertigstellung:

Die Augen werden aufgenäht. Dann sticken Sie die Augenbrauen und Nasenlöcher auf. Anschließend vernähen Sie die Fäden.
Nachdem Sie den Kopf, den Schwanz, die Nase und die Füße mit Füllwatte ausgestopft haben, schließen Sie die Nähte, damit die Füllwatte nicht herausfallen kann. Die Watte wird im Kopf und der Nase nicht festgenäht, damit sich der Gesichtsausdruck verändern läßt.

Der Uhu Ute

Ute ist ein amerikanischer Uhu und kann nahezu geräuschlos fliegen. Sie sieht nachts besonders gut. Ute kann ihre Flügel heben und senken.

Größe:
Ca. 25 cm hoch,
ca. 14 cm breit

Material:

Wolle:
Nadelstärke 3-3,5
✗ Ca. 35 g beige melierte Wolle
✗ Ca. 20 g braun-schwarz melierte Wolle
✗ Ca. 20 g grün-schwarz melierte Wolle
✗ Schwarze und braune Wollreste
Nadeln:
✗ Stricknadelspiel Nr. 3
✗ Nähnadel
Sonstiges:
✗ 1 dunkelbrauner Pfeifenputzer
✗ Tieraugen aus Glas (ø 1,5 cm)
✗ Füllwatte

Grundmuster: Glatt rechts.

Der Uhu wird vom Handeingriff bis zu den Ohren gestrickt.

Körper:

10 Maschen pro Nadel mit der beige melierten Wolle anschlagen = 40 Maschen. 2 Runden 1 Masche rechts, 1 Masche links stricken. Die erste Masche jeder Nadel wird verdoppelt = 11 Maschen pro Nadel. 6 Runden stricken.
Für die Krallen von der 2. Nadel die ersten 3 Maschen stricken, dann über 4 Maschen ● und 4 Maschen stricken. Von der 3. Nadel 4 Maschen stricken, dann über 4 Maschen ● und weiterstricken. Nach 16 Runden wieder die erste Masche jeder Nadel verdoppeln = insgesamt 48 Maschen. Von den Krallen gemessen 13 Runden bzw. ca. 10 cm stricken. Jetzt die beige melierte und die braun-schwarz melierte Wolle doppelt nehmen und 3 Runden stricken. Nun nur mit der braun-schwarzen Wolle weiterstricken, die helle Wolle aber nicht abschneiden. In der 1. Runde die 1. Masche jeder Nadel verdoppeln = 52 Maschen. 5 Runden stricken und wieder die 1. Masche jeder Nadel verdoppeln = 56 Maschen. Nochmals

4 Runden stricken. In der nächsten Runde immer je de 2. und 3. Masche zusammenstricken, zweimal die Abnahme weglassen = 10 Maschen pro Nadel. Jetzt wieder mit der beigen Wolle 6 Runden stricken.
Der Hinterkopf des Uhus wird mit der braun-schwarzen Wolle gestrickt. Das Gesicht besteht aus verschiedener Wolle. Die Wolle wird auf der Innenseite des Uhus mitgeführt. Es läßt sich nicht vermeiden, daß auf der Innenseite Schlingen entstehen. Diese können Sie zum Schluß etwas annähen, so daß man beim Hineingreifen an ihnen nicht hängenbleibt. Das Gesicht wird nach der Schemazeichnung auf Seite 32 gestrickt. Anschließend werden 4 Runden nur mit der braunschwarz melierten Wolle gestrickt. Die ersten 5 Maschen der 1. Nadel abketten, die nächsten 5 Maschen stricken. Die ersten 5 Maschen der 2. Nadel stricken, die nächsten 5 Maschen abketten. Die ersten 5 Maschen der 3. Nadel abketten, die nächsten 5 Maschen stricken. Die ersten 5 Maschen der 4.

X = braun-schwarz
    melierte Wolle

O = beige Wolle

/ = schwarze Wolle

● = andersfarbiger
    Faden für
    Schnabel, s. S. 4

```
XXX / / XXXXXXXXXX / / XXX
XX / OOXXXXXXXXXXOO / XX
X / OOOOXXXXXXXXOOOO / X
X / OOOOXXXXXXXXOOOO / X
/ OOOOOOXXXXXOOOOOO /
/ OOOOOOXXXXXOOOOOO /
X / / OOOOOOOOOOOOOO / / X
X / / OOOOO●●●●OOOOO / / X
XXX / / OOOOOOOOOO / / XXX
XXX / / OOOOOOOOOO / / XXX
XXX / / OOOOOOOOOO / / XXX
XXX / / OOOOOOOOOO / / XXX
XXXXXOOOOOOOOOOOXXXXX
XXXXXOOOOOOOOOOOXXXXX
XXXXXOOOOOOOOOOOXXXXX
```

Nadel stricken, die letzten 5 Maschen abketten. Für das Ohr wird nur mit der 1. und 2. Nadel 3 Runden weitergestrickt. Dann immer die ersten und letzten Maschen zusammenstricken = 3 Maschen pro Nadel. 1 Runde stricken. Jetzt nur die beiden 1. Maschen der 1. Nadel und die beiden letzten Maschen der 2. Nadel zusammenstricken = 2 Maschen pro Nadel. 1 Runde stricken, den Faden durch die Maschen ziehen. Das zweite Ohr wird genauso gestrickt.

Flügel:

Der Flügel wird mit grün-schwarz melierter Wolle glatt rechts gestrickt. Damit er sich nicht einrollt, wird auf beiden Seiten die Randmasche gestrickt und die nächste Masche bei der rechten Reihe links bzw. bei der linken Reihe rechts gestrickt.

20 Maschen anschlagen und 5 Reihen stricken. Dann die ersten und letzten Maschen zusammenstricken. Diese Abnahme wird in jeder 5. Reihe siebenmal wiederholt, bis noch 6 Maschen auf der Nadel sind. 3 Reihen stricken, Maschen abketten. Den zweiten Flügel genauso stricken und oberhalb des Bruststreifens annähen.

Krallen:

Die Krallen werden zunächst mit 3 Nadeln mit brauner Wolle gestrickt. Dazu werden 4 Maschen ▲ auf 2 Nadeln aufgenommen und 5 Runden gestrickt. Von der 1. Nadel wird die 1. Masche auf eine weitere Nadel gegeben und noch 1 zusätzliche Masche zugenommen = 2 Maschen. Von der 2. Nadel wird die letzte Masche auf eine weitere Nadel gegeben und eine weitere Masche zugenommen =

2 Maschen pro Nadel. 5 Runden stricken, die Maschen zusammenstricken. 1 Runde stricken, den Faden durch die Maschen ziehen. Nun geben Sie die nächsten 2 Maschen auf eine weitere Nadel. Genauso verfahren Sie mit der 2. Nadel = 2 Maschen pro Nadel. Wieder 5 Runden stricken und die Maschen zusammenstricken. 1 Runde stricken, den Faden durch die Maschen ziehen. Wieder jeweils 1 Masche zunehmen und genauso stricken, wie beschrieben. In die Krallen werden passend zurechtgeschnittene Stücke Pfeifenputzer geschoben und zurechtgebogen. Die anderen Krallen werden genauso gestrickt.

Schnabel:

Der Schnabel wird mit brauner Wolle gestrickt. ▲ Jeweils 4 Maschen auf 2 Nadeln aufnehmen. Zunächst wird das untere Schnabelteil gestrickt. Dazu auf eine weitere Nadel 4 Maschen aufnehmen und mit der unteren Nadel verbinden. 3 Runden stricken. Dann die ersten und letzten beiden Maschen zusammenstricken. 2 Runden stricken und wieder die letzten beiden Maschen zusammenstricken. 1 Runde stricken, den Faden durch die Maschen ziehen. Das obere Schnabelteil wird größer gestrickt. Wieder 4 Maschen auf

Franz, der Igel

eine weitere Nadel geben und mit der anderen Nadel verbinden. 5 Runden stricken. Die ersten und letzten beiden Maschen zusammenstricken, 4 Runden stricken und die Maschen abketten. Mit der restlichen Wolle die Naht schließen.

Das obere Schnabelteil wird mit einem Stück Pfeifenputzer ausgelegt, das Sie zu einem Schnabel biegen.

Fertigstellung:

Die Fäden vernähen, die Augen aufnähen und die Ohren sowie den Kopf mit etwas Füllwatte ausstopfen.

Der Rand am Handeingriff wird bis zu den Krallen umgenäht.

SCHWIERIGKEITSGRAD 3

Der Igel Franz kann sich bei Gefahr schnell zusammenrollen. Das kann auch unser gestrickter Igel. Igel sehen auch nachts sehr gut und haben einen guten Geruchssinn. Bis zu 5-6 Monate halten sie einen ausführlichen Winterschlaf.

Größe:
Ca. 22 cm lang, ca. 10 cm hoch

Material:

Wolle:
Nadelstärke 3-3,5
✗ Ca. 150 g hell-, dunkel- und mittelbraune Wollreste
Nadelstärke 2-2,5
✗ Rosa und schwarze Wollreste
Nadeln:
✗ Stricknadelspiel Nr. 3,5
✗ Häkelnadel Nr. 3
✗ Nähnadel
Sonstiges:
✗ 1 Pfeifenputzer, die Farbe spielt keine Rolle
✗ Tieraugen aus Glas, ø 1 cm
✗ Füllwatte

Grundmuster: Glatt rechts.

Der Igel wird von hinten nach vorne gestrickt.

Körper:

Der Körper wird mit 4 Nadeln aus der doppelt genommenen hell- und mittelbraunen Wolle gestrickt. 12 Maschen pro Nadel anschlagen = 48 Maschen insgesamt. 5 Runden stricken.

Für die Beine die ersten 6 Maschen der 2. Nadel und die letzten 6 Maschen der 3. Nadel ●. 18 Runden stricken.

Für den Handeingriff die ersten 4 Maschen der 2. Nadel stricken, dann über 8 Maschen ● und über die ersten 8 Maschen der 3. Nadel ●. Die 1. und 2. Masche der 1. Nadel sowie die letzten beiden Maschen der 4. Nadel zusammenstricken. 10 Runden stricken.

Für die Vorderbeine die ersten 6 Maschen der 2. Nadel und die 6 letzten Maschen der 3. Nadel ●. Damit der Igel eine spitze Nase bekommt, in der nächsten Runde gleichzeitig für Kopf und Bauch folgendermaßen abnehmen:
Kopf: Die ersten beiden Maschen der 1. Nadel zusammenstricken.

Bauch: Die ersten beiden Maschen der 2. Nadel und die letzten beiden Maschen der 3. Nadel zusammenstricken. 1 Runde stricken.
Kopf: Die ersten beiden Maschen der 1. Nadel und die letzten beiden Maschen der 4. Nadel zusammenstricken. Die Abnahme erfolgt jetzt immer in der 3. Runde.
Bauch: Abnahme fünfmal wiederholen und immer 1 Runde darüberstricken, bis noch 6 Maschen auf jeder Nadel sind. Für den Mund von der 2. und 3. Nadel je 5 Maschen (nicht die erste Masche von der 2. Nadel und nicht die letzte Masche von der 3. Nadel) ●. So lange weiterstricken und abnehmen, bis noch jeweils 1 Masche auf den Nadeln ist. Faden durch die Maschen ziehen und vernähen.

Beine:

▲ 3 Maschen pro Nadel aufnehmen = 12 Maschen insgesamt. 6 Runden stricken.
Für die Füße über 6 Maschen über 2 Nadeln ●, dabei darauf achten, daß die Füße nach vorne zeigen. 1 Runde stricken, dann abketten und das entstandene Loch zunähen.

Füße:

▲ 3 Maschen pro Nadel wieder aufnehmen = 12 Maschen insgesamt. 3 Runden stricken. Die ersten beiden Maschen der 1. und 3. Nadel und die letzten beiden Maschen der 2. und 4. Nadel zusammenstricken = 2 Maschen pro Nadel. 3 Runden stricken. Die Abnahme wiederholen = 1 Masche pro Nadel. 1 Runde stricken. Den Faden durch die Maschen ziehen und vernähen.

Mund:

Der Mund wird mit rosa Wolle gestrickt.
▲ 5 Maschen pro Nadel aufnehmen = 20 Maschen insgesamt. 2 Runden stricken, die ersten beiden Maschen der 1. und 3. Nadel und die letzten beiden Maschen der 2. und 4. Nadel zusammenstricken. 3 Runden stricken, die Abnahme wiederholen = 3 Maschen pro Nadel. 3 Runden stricken und die Maschen abketten. Dann das entstandene Loch zunähen und den Mund nach innen schieben.

Nase:

Die Nase wird mit 5 Nadeln mit schwarzer Wolle gestrickt.
2 Maschen pro Nadel aufnehmen = 8 Maschen insgesamt. 1 Runde stricken. Maschen verdoppeln = 4 Maschen pro Nadel. 3 Runden stricken und wieder abnehmen = 2 Maschen pro Nadel. 1 Runde stricken. Den Faden durch die Maschen ziehen, zusammenziehen und vernähen. Die Nase mit Füllwatte ausstopfen und die andere Seite auch schließen. Die Nase an die Spitze des Igelkopfes annähen.

Ohren:

Die Ohren werden gehäkelt. Dazu 4 Luftmaschen zum Kreis schließen. Mit festen Maschen wird ein Kreis, ø 2 cm, gehäkelt. Anschließend die Ohren an den Kopf annähen.

Handeingriff:

▲ Pro Nadel 8 Maschen aufnehmen. 1 Runde 1 Masche rechts, 1 Masche links stricken, dann die Maschen abketten.

Stacheln:

Die Stacheln werden in den drei verschiedenen Brauntönen gearbeitet. Einen ca. 4,5 cm breiten Pappestreifen zurechtschneiden, die Wolle um ihn wickeln und an einer Seite durchschneiden. Dann mit einer Häkelnadel immer zwei bis drei Stacheln in den Rücken einknüpfen (siehe Seite 6). Vorne werden, wie bei einem echten Igel, eher helle Stacheln eingeknüpft.

Fertigstellung:

Das entstandene Loch am Hinterteil des Igels wird zusammengenäht.

Die Füße werden mit Füllwatte umwickelten Stücken Pfeifenputzer ausgestopft. Die Pfeifenputzer dabei in die Form eines Fußes biegen. Wenn nötig, die Füße etwas am Körper annähen. Anschließend können Sie die Augen festnähen. Die Stacheln werden auf eine Länge geschnitten. Damit sich der Igel wie ein echter Igel zusammenrollen kann, einen Faden von innen an die Nase nähen. Diesen Faden läßt man an der Handöffnung heraushängen. Wenn Sie nun an ihm ziehen, verschwindet der Kopf nach innen, und der Igel rollt sich zusammen.

Der übermütige Affe Tommi

SCHWIERIGKEITSGRAD 3

Der Affe Tommi ist ein Pflanzenfresser, sein Leibgericht sind allerdings Bananen. Er lebt auf Bäumen und kann sich mit seinem Schwanz an einem Ast festhalten. Tommi kann seine gestrickte Banane in den Mund stecken.

Größe:
Ca. 35 cm hoch, ca. 14 cm breit

Material:

Wolle:
Nadelstärke 4,5
✗ Ca. 100 g mittelbraune Wolle mit Mohair
Nadelstärke 3-3,5
✗ Hellbraune, dunkelbraune, rosa und schwarze Wollreste
Nadeln:
✗ Stricknadelspiel Nr. 4
✗ Häkelnadel Nr. 3
✗ Nähnadel
Sonstiges:
✗ 3 Pfeifenputzer, die Farbe spielt keine Rolle
✗ Füllwatte

Grundmuster: Glatt rechts.

Der Affe wird vom Handeingriff bis zum Kopf gestrickt. Die Beine werden an den Körper angestrickt.

Körper:

10 Maschen pro Nadel anschlagen = 40 Maschen insgesamt. 1 Runde 1 Masche rechts, 1 Masche links stricken.

Für den Schwanz über die letzten 3 Maschen der 4. Nadel und die ersten 3 Maschen der 1. Nadel ●. 1 Runde stricken.

Für den Bauch jede 3. Masche der 2. und 3. Nadel verdoppeln (+ 7 Maschen). 22 Runden stricken und die zugenommenen Maschen der 2. und 3. Nadel wieder abnehmen, dazu jede 3. und 4. Masche zusammenstricken.

5 Runden stricken. Jede 3. und 4. Masche zusammenstricken = 8 Maschen pro Nadel. Die Abnahme zwischen der 2. und 3. Nadel wird ausgelassen.

Für die Arme die ersten 6 Maschen der 1. Nadel stricken. Über die letzten 2 Maschen und die ersten 6 Maschen der 2. Nadel ●. Die nächsten 2 Maschen und die ersten 2 Maschen von der 3. Nadel stricken. Über die letzten 6 Maschen und die ersten 2 Maschen der 4 Nadel ●.

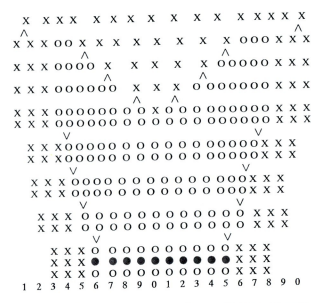

```
X   X X X   X X X   X   X   X X   X X X X
^                                     ^
X X X O O X X X   X X   X   X   X O O O X X X
        ^                     ^
X X X O O O O X   X   X   X O O O O O X X X
        ^                 ^
X X X O O O O O O   X   X   O O O O O O O X X X
              ^           ^
X X X O O O O O O O O X O O O O O O O O X X X
X X X O O O O O O O O O O O O O O O O O X X X
    V                             V
X X X O O O O O O O O O O O O O O O X X X
X X X O O O O O O O O O O O O O O O X X X
    V                         V
X X X O O O O O O O O O O O O O O O X X X
X X X O O O O O O O O O O O O O O O X X X
    V                     V
X X X O O O O O O O O O O O O O O O X X X
X X X O O O O O O O O O O O O O O O X X X
    V                     V
X X X O O O O O O O O O O O O O O X X X
X X X O O O O O O O O O O O O O O X X X
1 2 3 4 5 6 7 8 9 0 1 2 3 4 5 6 7 8 9 0
```

X = braune Wolle

O = hellbraune Wolle

● = siehe Seite 4

∧ = zusammenstricken

V = verdoppeln

Die letzten 6 Maschen stricken. 2 Runden stricken. Für den Hals immer 2 Maschen zusammenstricken = 4 Maschen. 1 Runde stricken. Jede 2. Masche wieder verdoppeln = 8 Maschen pro Nadel. 8 Runden stricken.

Gesicht:

Das Gesicht wird nach der obigen Schemazeichnung gestrickt. Der Faden wird auf der Innenseite mitgeführt. Die dabei entstehenden Schlaufen stören später nicht, weil der Kopf mit Füllwatte ausgestopft wird. Nachdem gemäß der Schemazeichnung gestrickt wurde, werden nochmals 4 Runden gestrickt. Dann immer 2 Maschen zusammenstricken = 4 Maschen. 1 Runde stricken, den Faden durch die Maschen ziehen und das entstandene Loch zunähen.

Beine:

Zum Anstricken der Beine wird der Affe auf den Rücken gelegt, so daß der Handeingriff aufeinanderliegt. Nun auf der Vorder- und Rückseite des Eingriffes jeweils 5 Maschen pro Nadel aufnehmen = 20 Maschen. Dazu immer in die Randmasche einstechen und den Faden durchziehen. 12 Runden stricken. Immer die 1. und 2. Masche einer Nadel zusammenstricken = 4 Maschen pro Nadel. 12 Runden stricken. Dann für die Füße mit hellbrauner Wolle 9 Runden stricken und die Maschen abketten. Das entstandene Loch zunähen. Das zweite Bein genauso stricken.

Arme:

▲ 4 Maschen pro Nadel aufnehmen = 16 Maschen insgesamt. Da die Arme seitlich am Körper sein sollen, muß die erste Nadel nach unten zu den Beinen zeigen. 12 Runden stricken. Die ersten beiden Maschen jeder Nadel zusammenstricken = 12 Maschen. 12 Runden stricken. Die Pfoten mit hellbrauner Wolle 9 Runden stricken. Die Maschen abketten und das entstandene Loch schließen. Den anderen Arm genauso stricken.

Mund:

▲ 5 Maschen pro Nadel mit hellbrauner Wolle aufnehmen = 20 Maschen. 1 Runde stricken. Die 1. und 2. Masche der 1. und 3. Nadel und die beiden letzten Maschen der 2. und 4. Nadel zusammenstricken = 4 Maschen pro Nadel. 2 Runden stricken. Jetzt mit rosa Wolle 3 Runden weiterstricken. Abnahme wiederholen = 3 Maschen pro Nadel. 1 Runde stricken und die Abnahme wiederholen = 2 Maschen pro Nadel. 1 Runde stricken und die Maschen abketten. Das entstandene Loch zunähen und den rosa Mund nach innen schieben.

Ohren:

Die Ohren mit hellbrauner Wolle und 3 Nadeln strikken. Dazu seitlich am Kopf im Gestrickten auf 1 Nadel 8 Maschen aufnehmen. Auf der Rückseite dieser Nadel mit Hilfe einer Häkelnadel auf die zweite Nadel nochmals 8 Maschen aufnehmen. 2 Runden stricken. Die ersten und letzten beiden Maschen jeder Nadel zusammenstrikken = 6 Maschen pro Nadel. 2 Runden stricken und die Abnahme wiederholen = 4 Maschen pro Nadel. 1 Runde stricken und die Maschen abketten. Das entstandene Loch nun zunähen.
Das andere Ohr genauso stricken.

Schwanz:

▲ 3 Maschen pro Nadel aufnehmen = 12 Maschen. 28 Runden stricken. Dann immer die ersten beiden Maschen zusammenstricken = 2 Maschen pro Nadel. 18 Runden stricken und die Abnahme wiederholen = 1 Masche pro Nadel. 3 Runden strikken und den Faden durch die Maschen ziehen.

Fertigstellung:

Entstandene Löcher schließen und Fäden vernähen. Mit schwarzer Wolle die Augen und mit dunkelbrauner Wolle die Nasen-

löcher aufsticken.
Nun umwickeln Sie die passend zugeschnittenen Pfeifenputzer mit Füllwatte und stecken sie in Arme, Beine und Schwanz. Damit die Füllwatte aus dem Schwanz nicht herausfällt, wird unten die Naht zugenäht. Dann biegen Sie Arme, Beine und Schwanz zurecht und stopfen Kopf, Nase und Mund mit Füllwatte aus.

Eine Banane für Tommi

Größe:
Ca. 5 cm

SCHWIERIG-KEITSGRAD
2

Material:

Wolle:
Nadelstärke 2,5-3,5
✗ Hellgelber Wollrest
Nadelstärke 3,5
✗ Dunkelgelber Wollrest
Nadelstärke 3
✗ Brauner Wollrest
Nadeln:
✗ Stricknadelspiel Nr. 3
✗ Nähnadel
Sonstiges:
✗ 1 Pfeifenputzer, die Farbe spielt keine Rolle
✗ Füllwatte

Grundmuster: Glatt rechts.

Bananenfrucht:

Die Frucht wird mit hellgelber Wolle gestrickt. 3 Maschen pro Nadel anschlagen und 12 Runden stricken. Dann immer die beiden ersten Maschen jeder Nadel zusammenstrikken = 8 Maschen insgesamt. 8 Runden stricken, den Faden durch die Maschen ziehen und vernähen.

Schale:

Die Schale wird mit dunkelgelber Wolle gestrickt. 4 Maschen pro Nadel aufnehmen = 16 Maschen insgesamt. 3 Runden strikken. Nun für ein Schalenteil nur mit 4 Maschen, also mit einer Nadel, weiterstricken. 9 Reihen stricken und die beiden mittleren Maschen zusammenstrikken = 2 Maschen. 1 Reihe stricken, die Maschen zusammenstricken und den Faden durch die Masche ziehen. Die anderen 3 Schalenteile werden genauso gestrickt.

Fertigstellung:

Die Schale unten mit brauner Wolle zunähen. Für den Stiel wird ein Schalenteil oben mit brauner Wolle bestickt.
Der Pfeifenputzer wird auf die Länge der Frucht zurechtgeschnitten, mit Füllwatte umwickelt und in die Banane gesteckt. Nun wird die Bananenfrucht an die Schale genäht und zurechtgebogen. Die Fäden werden abschließend vernäht.

10 lustige Fingerpuppen

Boris, das Schwein

Boris ist ein Hausschwein. Mit seiner rüsselartigen Schnauze wühlt er in der Erde nach Nahrung. Er gilt als Glücksbringer.

Größe: Ca. 5,5 cm

Material:
Wolle:
Nadelstärke 2-2,5
✗ Rosa und schwarze Wollreste
Nadeln:
✗ Stricknadelspiel Nr. 2
✗ Häkelnadel Nr. 2
✗ Nähnadel
Sonstiges:
✗ Füllwatte

Grundmuster: Glatt rechts.

Das Schwein wird von unten nach oben gestrickt.

Körper:
5 Maschen pro Nadel anschlagen = 20 Maschen. 10 Runden stricken, dann jede 1. und 2. Masche und jede 4. und 5. Masche zusammenstricken = 3 Maschen pro Nadel. 1 Runde stricken.
Für den Kopf jede 1. Masche einer Nadel verdoppeln = 4 Maschen pro Nadel. 3 Runden stricken. Die letzten beiden Maschen der 2. Nadel und die ersten beiden Maschen der 3. Nadel ●. 7 Runden stricken, den Faden durch

die Maschen ziehen, das Loch schließen und den Faden vernähen.

Schnauze:
▲ 2 Maschen pro Nadel aufnehmen = 8 Maschen. 3 Runden stricken und die Maschen abketten. Das entstandene Loch schließen und den Faden vernähen.

Ohren:
Die Ohren werden seitlich an den Kopf gehäkelt. Dazu mit 3 festen Maschen 3 Reihen häkeln, dann in die mittlere Masche stechen und 1 weitere feste Masche häkeln. Den Faden durch die Maschen ziehen und vernähen.

Schwanz:
6 Luftmaschen hinten an den unteren Rand anhäkeln. Dann 5 feste Maschen häkeln, dabei immer von einer anderen Seite in die Luftmasche einstechen, so daß sich der Schwanz ringelt.

Fertigstellung:
Die Augen und Nasenlöcher aufsticken und die Fäden vernähen. Den

Kopf zum Schluß locker mit Füllwatte ausstopfen.

Berthold, die Maus

Die kleine Maus Berthold ist ein Nagetier und zeichnet sich durch Intelligenz und Anpassungsfähigkeit aus.

Größe: Ca. 9 cm

Material:
Wolle:
Nadelstärke 3
✗ Graue, schwarze und weiße Wollreste
Nadeln:
✗ Stricknadelspiel Nr. 3
✗ Häkelnadel Nr. 3
✗ Nähnadel
Sonstiges:
✗ Füllwatte
✗ Perlonschnur
● Klebstoff

Grundmuster: Glatt rechts.

Die Maus wird von unten nach oben gestrickt.

Körper:
5 Maschen pro Nadel anschlagen = 20 Maschen insgesamt. 16 Runden stricken.

Für den Hals die ersten beiden Maschen und die 4. und 5. Masche zusammenstricken = 3 Maschen pro Nadel. 2 Runden stricken, die abgenommenen Maschen wieder zunehmen = 5 Maschen pro Nadel. 4 Runden stricken. Für die Nase die ersten beiden Maschen der 2. Nadel stricken, über die nächsten 3 Maschen ● und die ersten 3 Maschen der 3. Nadel ●. 8 Runden stricken und den Faden durch die Maschen ziehen.

Wenn Sie den Faden nicht zu kurz abschneiden, können Sie ihn noch für ein Ohr verwenden.

Nase:

▲ 3 Maschen pro Nadel aufnehmen = 12 Maschen. 3 Runden stricken, dann die ersten beiden Maschen der 1. und 3. Nadel und die letzten beiden Maschen der 2. und 4. Nadel zusammenstricken = 2 Maschen pro Nadel. 2 Runden stricken und die Abnahme wiederholen

= 1 Masche pro Nadel. 1 Runde stricken, den Faden durch die Maschen ziehen und vernähen.

Schwanz:

Der Schwanz wird gehäkelt. Nehmen Sie dazu die graue Wolle doppelt. Mit der Häkelnadel stechen Sie unten in die hintere Mitte ein und häkeln 7 Luftmaschen. Der Faden wird durch die letzte Masche gezogen und durch die Luftmasche vernäht.

Ohren:

Die Ohren werden direkt an den Kopf angehäkelt. Mit der Häkelnadel stechen Sie dazu in das Gestrickte seitlich am Kopf ein und häkeln 4 feste Maschen. Dann wird noch 1 Reihe feste Maschen gehäkelt. Damit das Ohr rund wird, wird 1 Reihe feste Maschen rundherum gehäkelt.

Fertigstellung:

Die Augen werden mit weißer und schwarzer Wolle aufgestickt. Die Nasenspitze sticken Sie mit schwarzer Wolle. Dabei werden die Barthaare aus 3 ca. 8 cm langen Stücken Perlonschnur mit eingestickt (wenn nötig, können Sie die Barthaare auch mit Klebstoff festkleben). Die Fäden werden nun vernäht, und der Kopf und die Nase werden mit etwas Füllwatte ausgestopft.

Erika, die elegante Giraffe

Die Giraffe Erika lebt in Afrika und ernährt sich von Laub.

Größe: Ca. 12 cm

Material:

Wolle:
Nadelstärke 3-4
✗ Gelbe, rote, braune und schwarze Wollreste
Nadeln:
✗ Stricknadelspiel Nr. 3
✗ Häkelnadel Nr. 3
✗ Nähnadel
Sonstiges:
✗ 1 gelber Pfeifenputzer zum Reinigen von Pfeifen
✗ Füllwatte

Grundmuster: Glatt rechts. Die Giraffe wird von unten nach oben gestrickt.

Körper:

5 Maschen pro Nadel anschlagen = 20 Maschen. 10 Runden stricken und immer die ersten beiden Maschen einer Nadel zusammenstricken = 16 Maschen. 4 Runden stricken und die Abnahme wiederholen = 12 Maschen. 3 Runden stricken, dann über die 2. und 3. Masche der 2. Nadel und die 1. und 2. Masche der 3. Nadel ●. 7 Runden stricken, den Faden durch die Maschen ziehen und vernähen.

Schnauze:

▲ 2 Maschen pro Nadel

aufnehmen = 8 Maschen. 5 Runden stricken, den Faden durch die Maschen ziehen und vernähen.

Ohren:

Die Ohren werden gehäkelt. Dafür seitlich am Kopf mit der Häkelnadel ins Gestrickte einstechen und 2 feste Maschen häkeln. Dann 1 Luftmasche und wieder 2 feste Maschen häkeln. Der Faden wird durch die letzte Masche gezogen. Das andere Ohr wird genauso gehäkelt.

Fertigstellung:

Hinten auf dem Rücken wird aus ca. 5 cm langen Fäden brauner Wolle die Mähne eingeknüpft (s. S. 6). Sie wird anschließend auf eine Länge geschnitten. Mit brauner Wolle werden die Flecken, mit schwarzer Wolle die Augen und Nasenlöcher und mit roter Wolle der Mund aufgestickt. Anschließend vernähen Sie die Fäden, schieben den zugeschnittenen gelben Pfeifenputzer von innen hinten links und rechts durch den Kopf und biegen die Enden rund. In die Schnauze wird etwas Füllwatte gesteckt.

SCHWIERIGKEITSGRAD 2

Jörg, ein fröhlicher Frosch

Jörg kann bis zu 1 m hoch und bis zu 2 m weit springen. Es gibt Frösche, deren Hinterbeine bis zu 55 cm lang sind.

Größe: Ca. 8 cm

Material:

Wolle:
Nadelstärke 3,5
✗ Grüner Wollrest
Nadelstärke 2,5
✗ Roter Wollrest
✗ Weiße und schwarze Wollreste
Nadeln:
✗ Stricknadelspiel Nr. 3
✗ Häkelnadel Nr. 3
Sonstiges:
✗ Füllwatte

Grundmuster: Glatt rechts.

Der Frosch wird von unten nach oben gestrickt.

Körper:

5 Maschen pro Nadel anschlagen = 20 Maschen. 16 Runden stricken, dann immer die 1. und 2. Masche und die 4. und 5. Masche zusammenstricken = 3 Maschen pro Nadel. 1 Runde stricken. Die abgenommenen Maschen wieder zunehmen = 5 Maschen pro Nadel. 6 Runden stricken und über die 5 Maschen der 2. und 3. Nadel ●. 7 Runden stricken und den Faden durch die Maschen ziehen.

Füße:

Die Füße werden gehäkelt. Dazu werden 4 feste Maschen direkt unten an den Rand gehäkelt. Dann 1 Reihe feste Maschen häkeln, anschließend immer 1 Luftmasche und 1 feste Masche häkeln. Der andere Fuß wird genauso gehäkelt.

Arme:

Die Arme werden nicht direkt an den Frosch angehäkelt. 5 Luftmaschen und dann 4 feste Maschen häkeln, die erste Luftmasche ist die Randmasche. Dann werden weitere 4 Reihen gehäkelt. Jetzt 2 Luftmaschen häkeln, in die 2. feste Masche einstechen und 1 feste Masche häkeln. Dieser Vorgang wird zweimal wiederholt, so daß der Frosch nachher 3 Schwimmhäute hat. Nähen Sie dann den unteren Teil des Armes (feste Maschen) zusammen, und nähen Sie ihn an den Körper.

Maul:

▲ 5 Maschen pro Nadel aufnehmen = 20 Maschen. 1 Runde stricken, dann die ersten beiden Maschen der 1. und 3. Nadel und die letzten beiden Maschen der 2. und 4. Nadel zusammenstricken. 1 Runde stricken und die Abnahme wiederholen. 1 Runde stricken und die Maschen abketten. Dann wird die Naht geschlossen und das Maul nach innen gewendet.

Fertigstellung:

Die Augen werden seitlich aufgestickt. Zum Schluß vernähen Sie die Fäden und stopfen den Kopf mit Füllwatte aus.

Der mutige Löwe Hieronymus

SCHWIERIG-KEITSGRAD 2

Der Löwe Hieronymus lebt in Afrika und Indien. Er ist nachts aktiv, tagsüber ist er sehr träge.

Größe: Ca. 7,5 cm

Material:

Wolle:
Nadelstärke 3
✗ Wollreste in verschiedenen Braun- und Gelbtönen sowie in Schwarz
Nadeln:
✗ Stricknadelspiel Nr. 3
✗ Häkelnadel Nr. 3
✗ Nähnadel
Sonstiges:
✗ Füllwatte

Grundmuster: Glatt rechts.

Der Löwe wird von unten nach oben gestrickt.

Körper:

5 Maschen pro Nadel anschlagen = 20 Maschen. 14 Runden stricken und die ersten beiden Maschen sowie die letzten beiden Maschen jeder Nadel zusammenstricken = 3 Maschen pro Nadel. 1 Runde stricken und die Maschen wieder zunehmen. 12 Runden stricken und den Faden durch die Maschen ziehen.

Schwanz:

Der Schwanz wird gehäkelt. Stechen Sie dazu hinten unten in die Randmasche mit der Häkelnadel ein, und häkeln Sie 8 Luftmaschen. Dann werden 7 feste Maschen gehäkelt, dabei wird erst in die 2. Masche eingestochen. Für die Quaste wickeln Sie von der auch für die Mähne verwendeten Wolle etwas um ein 2,5 cm breites Stück Pappe. Ziehen Sie dann die Pappe heraus, wickeln Sie ein Stück Wolle fest um die Mitte der Quaste, und nähen Sie sie am Schwanzende fest. Jetzt werden die Schlaufen aufgeschnitten. Achten Sie darauf, daß Sie nicht den Faden, mit dem Sie die Quaste umwickelt haben, durchschneiden.

Mähne:

Es werden einige ca. 5 cm lange Fäden zurechtgeschnitten und am Kopf eingeknüpft (s. S. 6). Die Mähne wird anschließend auf eine Länge geschnitten.

Fertigstellung:

Sticken Sie das Gesicht auf, vernähen Sie die Fäden, und stopfen Sie den Kopf mit Füllwatte aus.

Der Marien-käfer Roswitha

SCHWIERIG-KEITSGRAD 1

Roswitha ist ein Siebenpunkt-Marienkäfer. Sie frißt sehr gerne Blattläuse und gilt als Glücksbringer.

Größe: Ca. 6 cm

Material:

Wolle:
Nadelstärke 2,5-3
✗ Rote und schwarze Wollreste
Nadeln:
✗ Stricknadelspiel Nr. 3
✗ Nähnadel
Sonstiges:
✗ 1 schwarzer Pfeifenputzer

Grundmuster: Glatt rechts.

Der Marienkäfer wird von unten nach oben gestrickt.

44

Die Schnecke Paulina

Die Schnecke Paulina bewegt sich durch wellenförmige Muskelbewegungen vorwärts.

Größe: Ca. 9 cm lang, ca. 10 cm hoch

Material:

Wolle:
Nadelstärke 3-4
✗ Gelbe, braune, rote und schwarze Wollreste
Nadeln:
✗ Stricknadelspiel Nr. 3
✗ Nähnadel
Sonstiges:
✗ 1 orangefarbener Pfeifenputzer zum Reinigen von Pfeifen
✗ Füllwatte

Grundmuster: Glatt rechts.

Die Schnecke wird vom Fingereingriff bis vorne zum Hals gestrickt. Kopf und Schneckenhaus werden angestrickt.

Körper:

4 Maschen pro Nadel anschlagen = 16 Maschen. 36 Runden stricken, dann die ersten 2 Maschen der 2. Nadel stricken, die nächsten 2 Maschen und die ersten 2 Maschen der 3. Nadel ●. 1 Runde stricken und den Faden durch die Maschen ziehen.

Hals und Kopf:

▲ 2 Maschen pro Nadel aufnehmen, 7 Runden stricken und dann für den Kopf jede 1. Masche einer Nadel verdoppeln. 7 Runden stricken, den Faden durch die Maschen ziehen und vernähen.

Schneckenhaus:

Das Schneckenhaus wird gleichzeitig mit gelber und

Körper:

4 Maschen pro Nadel aufnehmen und 1 Runde stricken. Jede 1. Masche einer Nadel verdoppeln = 5 Maschen pro Nadel. 5 Runden stricken und die Zunahme wiederholen = 6 Maschen pro Nadel. 5 Runden stricken und die zugenommenen Maschen wieder abnehmen = 4 Maschen pro Nadel. 4 Runden stricken, den Faden durch die Maschen ziehen und vernähen.

Fertigstellung:

Für die Fühler stecken Sie von der Innenseite aus ein passendes Stück Pfeifenputzer nach vorne links und rechts durch den Kopf und biegen die Enden rund.
Mit schwarzer Wolle werden Augen, Mund und Nase aufgestickt. Auf den Rücken sticken Sie in die Mitte eine Linie und sechs Punkte. Abschließend werden die Fäden vernäht.

brauner Wolle gestrickt.
2 Maschen pro Nadel aufnehmen = 8 Maschen.
Nun werden 105 Runden (ca. 36 cm) gestrickt. Dann die Maschen abketten.

Fertigstellung:
Der gestrickte Schlauch für das Schneckenhaus wird mit etwas Füllwatte ausgestopft. Er muß sich aber noch gut rollen lassen. Nun rollen Sie den Schlauch immer ein Stück auf und nähen ihn gleich zusammen. Das fertige Schneckenhaus wird auf den Rücken der Schnecke genäht.
Dann schieben Sie den passend zurechtgeschnittenen Pfeifenputzer von innen links und rechts durch den Kopf und biegen seine Enden rund. Die Fäden werden nun vernäht, das Gesicht aufgestickt und der Kopf mit Füllwatte ausgestopft.

Klemens, der Igel

Igel haben bis zu 6000 Stacheln. Der kleine Igel Klemens hat allerdings viel weniger, und seine Stacheln sind ganz weich.

SCHWIERIGKEITSGRAD 3

Größe: Ca. 9,5 cm

Material:
Wolle:
Nadelstärke 3
✘ Braune und schwarze Wollreste
Nadeln:
✘ Stricknadelspiel Nr. 3
✘ Häkelnadel Nr. 3
✘ Nähnadel
Sonstiges:
✘ Füllwatte

Grundmuster: Glatt rechts.
Der Igel wird von unten nach oben gestrickt.

Körper:
5 Maschen pro Nadel anschlagen = 20 Maschen. 16 Runden stricken, dann immer 2 Maschen zusammenstricken = 2 bzw. 3 Maschen pro Nadel. 2 Runden stricken und die abgenommenen Maschen wieder zunehmen. 5 Runden stricken.
Für die Nase von der 2. Nadel die ersten 2 Maschen stricken und über die nächsten 3 Maschen und die ersten 3 Maschen der 3. Nadel ●. 8 Runden stricken und den Faden durch die Maschen ziehen.

Nase:
▲ 3 Maschen pro Nadel aufnehmen und 2 Runden

stricken. Dann die ersten beiden Maschen der 1. und 2. Nadel und die letzten beiden Maschen der 2. und 4. Nadel zusammenstricken = 2 Maschen pro Nadel. 2 Runden stricken und die Abnahme wiederholen = 1 Masche pro Nadel. 1 Runde stricken, den Faden durch die Maschen ziehen und vernähen.

Stacheln:
Aus brauner und schwarzer Wolle werden 6 cm lange Fäden zugeschnitten und in den Rücken und den Kopf des Igels eingeknüpft (s. S. 6). Dann werden die Stacheln gerade bzw. auf die gewünschte Länge geschnitten.

Fertigstellung:
Die Augen und die Nase werden mit schwarzer Wolle aufgestickt. Für die Nase sticken Sie die Fäden so oft übereinander, bis sich eine runde Nase ergibt. Die Fäden werden anschließend vernäht, die Nase und der Kopf werden mit etwas Füllwatte ausgestopft.

Der Elefant Ambrosius

Der Elefant Ambrosius kann mit seinem Rüssel sehr gut tasten, greifen und riechen. Er ist sehr klug und hat ein gutes Gedächtnis.

Größe: Ca. 7,5 cm

Material:

<u>Wolle:</u>
Nadelstärke 3,5
✗ Graue, schwarze und rote Wollreste
<u>Nadeln:</u>
✗ Stricknadelspiel Nr. 3
✗ Häkelnadel Nr. 3
✗ Nähnadel
<u>Sonstiges:</u>
✗ 1 Pfeifenputzer, die Farbe spielt keine Rolle
✗ Füllwatte

Grundmuster: Glatt rechts.

Der Elefant wird von unten bis zum Kopf gestrickt.

Körper:

5 Maschen pro Nadel anschlagen = 20 Maschen. 16 Runden stricken, dann die 1. und 2. Masche und die 4. und 5. Masche zusammenstricken = 3 Maschen. 2 Runden stricken und die abgenommenen Maschen wieder zunehmen. 6 Runden stricken. Für den Rüssel von der 2. Nadel die ersten 3 Maschen stricken und über die nächsten 2 Maschen und die ersten beiden Maschen der 3. Nadel ●. 7 Runden stricken, den Faden durch die Maschen ziehen und vernähen.

Schwanz:

Der Schwanz wird mit doppelt genommener, grauer Wolle gehäkelt. Stechen Sie hinten unten in die Randmasche ein, und häkeln Sie 6 Luftmaschen. Der Faden wird durch die letzte Masche gezogen und abgeschnitten, aber nicht vernäht. Aus der Wolle werden Fransen geschnitten und mit dem Faden an das Schwanzende genäht.

Ohren:

Auch die Ohren werden gehäkelt. Dazu seitlich am Kopf 5 feste Maschen in das Gestrickte häkeln. 3 Reihen häkeln und dann noch 1 Runde mit festen Maschen um die Ohren häkeln, damit sie rund werden. Das andere Ohr wird genauso gehäkelt.

Rüssel:

▲ Pro Nadel 2 Maschen aufnehmen = 8 Maschen. 14 Runden stricken, den Faden durch die Maschen ziehen und vernähen.

Fertigstellung:

Stopfen Sie den Rüssel mit einem Stück Pfeifenputzer aus, und biegen Sie ihn in Form. Die Augen und der Mund werden aufgestickt. Drei ca. 5 cm lange, graue Wollfäden werden zurechtgeschnitten und als Haare auf den Kopf eingeknüpft (s. Seite 6). Die Fäden werden vernäht, und der Kopf wird mit Füllwatte ausgestopft.

Der Glücksdrache Rochus

Der kleine Drache Rochus bringt wie seine großen Freunde Isolde und Hermann Glück.

Größe: Ca. 12 cm (mit Schwanz)

Material:
Wolle:
Nadelstärke 3-4
✗ Grüne, gelbe, rote und schwarze Wollreste
Nadeln:
✗ Stricknadelspiel Nr. 3
✗ Häkelnadel Nr. 3
✗ Nähnadel
Sonstiges:
✗ Füllwatte

Grundmuster: Glatt rechts.

Der Drache wird von unten nach oben gestrickt. Der Schwanz wird angestrickt.

Körper:
5 Maschen pro Nadel aufnehmen = 20 Maschen.
1 Runde stricken, dann für den Schwanz über die letzten 4 Maschen der 4. Nadel und die ersten 4 Maschen der 1. Nadel (diese Reihenfolge ist wichtig!) ●.
19 Runden stricken und die ersten beiden und letzten beiden Maschen jeder Nadel zusammenstricken = 3 Maschen pro Nadel.
1 Runde stricken und die abgenommenen Maschen wieder zunehmen = 5 Maschen pro Nadel.
4 Runden stricken, für die Schnauze über die letzten 3 Maschen der 2. Nadel und die ersten 3 Maschen der 3. Nadel ●. 8 Runden stricken und den Faden durch die Maschen ziehen.

Ohren:
Die Ohren werden gehäkelt. Dazu 3 feste Maschen direkt seitlich in den Kopf häkeln und dann 1 Reihe feste Maschen häkeln. Anschließend wird in die mittlere Masche 1 feste Masche gehäkelt und der Faden durchgezogen.

Schnauze:
▲ 3 Maschen pro Nadel aufnehmen, 7 Runden stricken, den Faden durch die Maschen ziehen und vernähen.

Schwanz:
▲ 4 Maschen pro Nadel aufnehmen = 16 Maschen.
7 Runden stricken und von der 1. und 3. Nadel die ersten beiden Maschen und von der 2. und 4. Nadel die letzten beiden Maschen zusammenstricken = 3 Maschen pro Nadel.
2 Runden stricken und die Abnahme wiederholen = 2 Maschen pro Nadel.
2 Runden stricken und die Abnahme nochmals wiederholen = 1 Masche pro Nadel. 1 Runde stricken und den Faden durch die Maschen ziehen.

Zacken:
Die Zacken werden mit gelber Wolle gehäkelt. Oben, in der Mitte des Kopfes, wird in das Gestrickte eingestochen und 1 feste Masche gehäkelt. Dann werden 3 weitere feste Maschen gehäkelt. Jetzt häkeln Sie 1 Luftmasche sowie 1 feste Masche. Dies wiederholen Sie zweimal. Dann werden bis zum Schwanzende 3 Luftmaschen und 1 feste Masche gehäkelt.

Fertigstellung:
Mit schwarzer Wolle werden die Augen, mit roter Wolle der Mund und die Punkte aufgestickt. Dann vernähen Sie die Fäden. Der Kopf und der Schwanz werden mit Füllwatte ausgestopft. Die Naht am Schwanz wird zugenäht.